双元制本土化项目成果教材

校企合作
产教融合型课程改革教材

智能网联汽车传感器技术

主　编◎杨宗平　程　鹏　卢佳园
副主编◎何成诚　岳　园　王　帆
　　　　陈　颖　李　昊

同济大学 出版社
TONGJI UNIVERSITY PRESS
·上海·

内 容 提 要

本书为高等职业教育智能网联汽车技术专业教材。全书由绪论和5个学习模块构成，主要内容包括绪论、超声波雷达的原理、安装与标定，毫米波雷达的原理、安装与标定，激光雷达的原理、安装与标定，视觉传感器的原理、安装与标定及组合导航的原理、安装与标定。

本书以完整工作过程和行为导向教学要求为基础，开发了以信息、计划、决策、实施、控制、评价六步法为行为导向的教学工作页，内容通俗易懂、深入浅出，可作为高职院校智能网联汽车技术专业的教学用书，也可作为汽车智能技术、智能网联汽车技术相关专业师资及技术人员的培训教材。

图书在版编目（CIP）数据

智能网联汽车传感器技术 / 杨宗平，程鹏，卢佳园主编 . -- 上海：同济大学出版社，2025.6. -- ISBN 978-7-5765-1690-6

I . U463.67

中国国家版本馆 CIP 数据核字第 20255LM263 号

智能网联汽车传感器技术

主　编　杨宗平　程　鹏　卢佳园
副主编　何成诚　岳　园　王　帆　陈　颖　李　昊
策划编辑　府晓辉　　**责任编辑**　任学敏　　**责任校对**　徐逢乔　　**封面设计**　渲彩轩

出版发行	同济大学出版社　www.tongjipress.com.cn （地址：上海市四平路1239号　邮编：200092　电话：021-65985622）
经　销	全国各地新华书店
印　刷	苏州市古得堡数码印刷有限公司
开　本	787mm×1092mm　1/16
印　张	11.25
字　数	253 000
版　次	2025年6月第1版
印　次	2025年6月第1次印刷
书　号	ISBN 978-7-5765-1690-6
定　价	55.00元

本书若有印装质量问题，请向本社发行部调换　　　版权所有　侵权必究

编委会

主　编　杨宗平　程　鹏　卢佳园

副主编　何成诚　岳　园　王　帆　陈　颖　李　昊

参　编　伍宏健　黄安楠　高　攀

前　言

近年来，全球新一轮的科技革命和产业变革加速演进，新一代信息技术及其深度应用已经推动人类社会步入了新的发展阶段，智能经济蓬勃发展。汽车技术的发展日新月异，电动化、网联化、智能化、共享化成为汽车产业发展潮流和趋势。

2021年2月，国务院印发《国家综合立体交通网规划纲要》，提出推进智能网联汽车（智能汽车、自动驾驶、车路协同）应用，推动智能网联汽车与智慧城市协同发展。在政策、技术与市场等多重因素的影响下，汽车产业作为国民经济的重要支撑产业，与能源、交通、信息通信等领域有关技术加速融合，正朝着网联化、智能化进程加速推进。智能网联汽车技术的发展已进入快车道。然而，目前国内高职院校汽车专业人才培养供给难以满足智能网联汽车产业发展需求。2021年4月，中国汽车工程学会、国家智能网联汽车创新中心发布了全国职业院校《智能网联汽车专业建设白皮书（2021版）》，为职业院校智能网联汽车技术专业建设提供了思路。本书正是为了抓住汽车产业智能化发展战略机遇，满足行业对智能网联汽车技术专业人才的需求，加快推进智能汽车技术创新发展而编写。

本书是重庆交通职业学院与西部道简（重庆）科技有限公司合作，基于西部道简·自动驾驶技术人才跨企业培训中心开发的双元制本土化学习领域课程改革的教材，体现了校企合作和产教融合的理念，旨在培养学生在智能网联汽车传感器技术领域的创新能力与实践技能。教材基于智能网联汽车人员岗位工作任务特点，以完整工作过程和行为导向教学要求为基础，开发了以信息、决策、计划、实施、控制、评价六步法为行为导向教学的工作页。工作页与学科知识模块相结合，形成了"知识库+工作页"的工作过程系统化的学习领域课程教材，实现了理论知识、实践技能、综合职业能力的多维整合，将工作环境与学习环境有机地结合在一起。

本书涵盖了智能网联汽车传感器的认知、超声波雷达的安装与标定、毫米波雷达的安装与标定、激光雷达的安装与标定、视觉传感器的安装与标定、组合导航的安装与标定多个领域的知识，内容由浅入深，由基础到实践，旨在使学生全面掌握智能网联汽车传感器技术的理论与实践，将学校教育资源与企业实际需求紧密结合，共同打造校企合作本土化教材。教材的编写得益于企业的实际案例支持，使学生在学习过程中更容易理解和接触到企业岗位工作任务，为未来就业奠定坚实基础。

本书由西部道简·自动驾驶汽车技术人才跨企业培训中心负责人、全国机械职业教育指导委员会能源装备制造技术专业指导委员会委员杨宗平（编写学习模块1、学习模块2）、重庆交通职业学院智能制造与汽车学院程鹏（编写绪论）、卢佳园（编写学习模块4的基础知识）任主编，由西部道简（重庆）科技有限公司何成诚（编写学习模块5）、李昊（编写学习模块4的学习情境）、重庆交通职业学院岳园（编写学习模块3）、王帆（编写学习模块1的基础知识）及陈颖（编写学习模块5的基础知识）任副主编。同时，我们还得到了学校其他相关领域专家的指导，确保了教材内容的准确性。

希望本书能够成为学生学习的指南和工具，引导他们走向智能网联汽车传感器技术领域，掌握先进技术，培养创新精神，为我国智能网联汽车技术领域的发展贡献自己的力量。同时，我们也希望本书能够为全国范围内的高等院校提供借鉴与参考。通过校企合作，结合本土产业，开发符合实际需要的本土化教材，是当前教育改革的一个重要方向。我们愿意与各位同仁分享我们的经验和教训，共同促进教育事业的繁荣与进步。

最后，衷心感谢所有参与本书编写的专家、教师和企业代表们的辛勤努力和支持。欢迎读者提出宝贵意见和建议，帮助我们不断改进，使本教材更好地服务于教育事业和产业发展。

编　者
2025年3月

目录

前言	001
绪论	001
1. 超声波雷达认知	002
2. 毫米波雷达认知	004
3. 激光雷达认知	007
4. 视觉传感器认知	009
5. 定位与导航系统	012

学习模块 1　超声波雷达的原理、安装与标定　017

基础知识　超声波雷达组成及原理　017
  1. 超声波雷达的特点　017
  2. 超声波雷达的结构　018
  3. 超声波雷达测距原理　018
  4. 超声波雷达的主要参数　019

学习情境　超声波雷达的安装标定　019
  1. 超声波雷达的安装位置　020
  2. 超声波雷达的安装调试　020

学习模块 2　毫米波雷达的原理、安装与标定　037

基础知识　毫米波雷达组成及原理　037
  1. 毫米波雷达的特性　037
  2. 毫米波雷达的工作原理　038

学习情境　毫米波雷达的安装标定　042
  1. 毫米波雷达的安装　042
  2. 毫米波雷达调试　044
  3. 毫米波雷达的报文解析　051

学习模块 3　激光雷达的原理、安装与标定　079

基础知识　激光雷达组成原理　079
  1. 激光雷达的内部结构　079
  2. 激光雷达的工作原理　080
  3. 激光雷达的特点　082
  4. 激光雷达参数　082
  5. 不同线束激光雷达介绍　084

学习情境　激光雷达的安装标定　085
  1. 激光雷达安装　085
  2. 激光雷达点云数据可视化　086
  3. 激光雷达数据采集　093
  4. 激光雷达数据解析　094
  5. 激光 SLAM 建图　102

学习模块 4　视觉传感器的原理、安装与标定　119

基础知识　视觉传感器组成及原理　119
  1. 视觉传感器的特点　120
  2. 视觉传感器的主要参数　120
  3. 视觉传感器的类型及原理　120

学习情境　视觉传感器的安装标定　122

1. 视觉传感器安装　123
　　2. 视觉传感器数据采集　123
　　3. 视觉传感器的标定　127

学习模块 5　组合导航的原理、安装与标定　139

　基础知识　组合导航组成及原理　139
　　1. GPS 全球定位系统　139
　　2. RTK 定位技术（差分 GPS）　140
　　3. 组合导航技术　141
　学习情境　组合导航的安装标定　143
　　1. 组合导航装配　143
　　2. 组合导航调试　147
　　3. 组合导航标定　153
　　4. 组合导航数据解析　159

参考文献　172

绪　论

学习目标

知识目标
1. 了解环境感知传感器的组成。
2. 掌握超声波雷达、毫米波雷达、激光雷达、视觉传感器的定义及类型。
3. 了解组合导航的原理。

能力目标
1. 掌握超声波雷达的应用。
2. 掌握毫米波雷达的应用。
3. 掌握激光雷达的应用。
4. 掌握视觉传感器的应用。
5. 掌握组合导航的应用。

素养目标
1. 培养学生对智能网联汽车传感器技术的兴趣和热情,助力学生树立科技报国的远大理想。
2. 培养学生的团队合作精神和沟通能力。
3. 培养学生的创新意识和解决问题的能力。

知识导航

我国工业和信息化部在《国家车辆网产业体系建设指南(智能网联汽车)》中明确规定,智能网联汽车(Intelligent and Connected Vehicle,ICV)是指搭载先进的车载传感器、控制器、执行器等装置,并融合现代通信与网络技术,实现车与X(车、路、人、云等)智能信息交换、共享,具备复杂环境感知、智能决策、协同控制等功能,可实现安全、高效、舒适、节能行驶,并最终实现替代人来操作的新一代汽车。

智能汽车是在普通的汽车上增加雷达、摄像头等先进传感器、控制器、执行器等装置,通过车载环境感知系统和信息终端实现与车、路、人等的信息交换,使车辆具备智能环境感知能力,能够自动分析车辆行驶的状态,并按照人的意愿到达目的地,最终实现替代人来操作的一种新型汽车。智能汽车是智能交通的重要组成部分,它的初级发展阶段是具有高级驾驶辅助系统(Advanced Driving Assistance System,ADAS)的汽车,终极发展目标是无人驾驶汽车。

智能汽车的环境感知就是利用车载激光雷达、毫米波雷达、超声波雷达、视觉传感器以及车对外界的信息交换(Vehicle to X,V2X)通信技术等获取道路、车辆位置和障碍物的信息,并将这些信息传输给车载控制中心,为智能网联汽车提供决策依据,是ADAS实现的第一步。

环境感知系统由信息采集单元、信息处理单元、信息传输单元组成。超声波雷达、激光雷达、毫米波雷达、视觉传感器、定位导航、惯性元件、车载网络组成环境感知系统的信息采集单元,如图0-1所示。

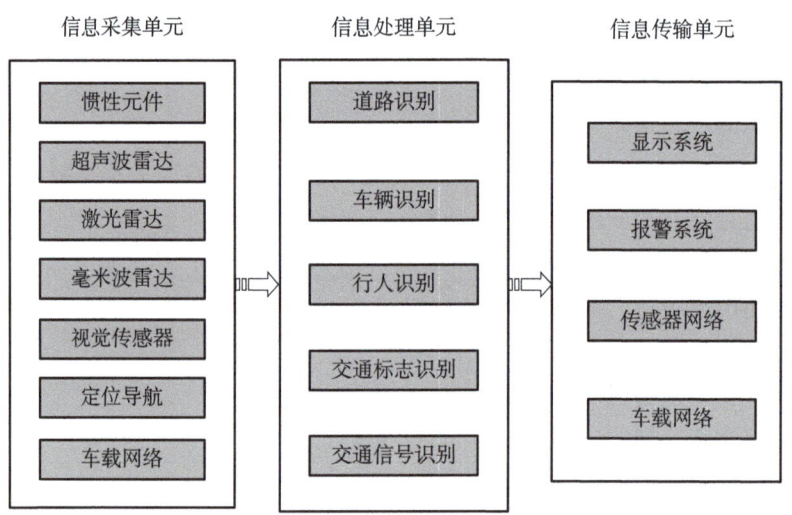

图0-1 环境感知系统的组成

1. 超声波雷达认知

1)超声波雷达的概念

超声波是一种频率高于20 kHz的声波(机械波),它的方向性好,反射能力强,易于获得较集中的声能。超声波雷达(Ultrasonic Radar)是利用超声波的特性研制而成的一种传感器,通过从超声波发射装置向外发出超声波开始到接收器接收到反射回来超声波时的时间差来测算周围的障碍物距离,帮助驾驶员消除盲点和视线模糊缺陷,提高行车安全性。超声波雷达外观如图0-2所示。

2)超声波雷达的类型

(1)按照探头工作频率分类。超声波雷达按照探头的工作频率分为40 kHz,48 kHz和58 kHz三种。一般来说,频率越高,灵敏度越高,但水平与垂直方向的探测角度就越小,故一般采用40 kHz的超声波雷达。

超声波雷达防水、防尘,即使有少量的泥沙遮挡也不影响其正常工作,探测范围在0.1~3 m,而且精度较高,因此适用于泊车。车载超声波雷达一般安装在汽车的保险杠上方,隐藏在保险杠的某个位置。

图 0-2 超声波雷达

（2）按照探测距离分类。超声波雷达按照探测距离分为短程和远程两种。如图 0-3 所示，短程超声波雷达即超声波与驻车辅助传感器（Ultrasonic Parking Assistant，UPA），安装在汽车前后保险杠上，是用于测量汽车前后障碍物的雷达，检测范围为 0.25～2.5 m，由于检测距离小，多普勒效应和温度干扰小，所以检测更准确；远程超声波雷达，即自动泊车辅助传感器（Automatic Parking Assistant，APA），安装在汽车侧面，用于测量侧方障碍物距离，检测范围为 0.35～5 m，可覆盖一个停车位，方向性强，探头的波传播性能优于 UPA，相比于 UPA 成本更高，功率也更大。

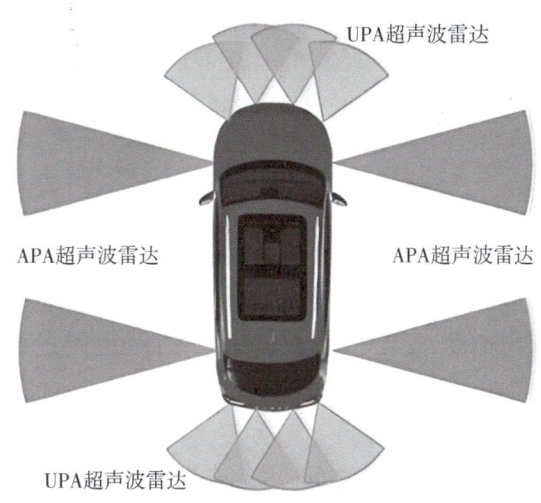

图 0-3 UPA、APA 应用示意

3）超声波雷达的功能及应用

（1）泊车检测。泊车系统是利用超声波雷达检测障碍物之间的距离，并通过光或声的形式报警，帮助汽车停车入位，如图 0-4 所示。超声波雷达可检测汽车前面或后面 10 m 范围的情况。

自动泊车功能需要经历识别库位和倒车入库两个阶段。

图 0-4 倒车雷达

当汽车缓缓驶过库位时,汽车右前方的 APA 返回探测距离与时间的关系。通过检测空位长度,判断当前空间是否有车位,右后方的 APA 用以做库位的二次验证,如图 0-5 所示。

图 0-5 泊车库位检测

(2)高速横向辅助。特斯拉 Model S 在 AutoPilot 1.0 时代就实现了高速公路的巡航功能,为了增加高速巡航功能的安全性和舒适性,特斯拉将用于泊车的 APA 超声波雷达,也用于高速巡航时的横向辅助,安装于侧方的 APA 用于检测侧方的车道车辆接近情况。

2. 毫米波雷达认知

1)毫米波雷达定义

毫米波的波长介于微波和厘米波之间,因此毫米波雷达兼有微波雷达和光电雷达的一些优点,其外观如图 0-6 所示。在汽车自动巡航控制、前向碰撞警告、自动紧急制动等领域具有广泛的应用。

毫米波雷达,是指工作频率为毫米波频段的探测雷达,毫米波是波长长度在 1~10 mm 的电磁波,对应的频率范围为 30~300 GHz。

毫米波雷达系统的组成如图 0-7 所示,主要包括天线、收发系统、信号处理系统,收发系统单片微波集成电路(Monolithic Microwave Integrated Circuit, MMIC)和天线板是毫米波雷达的硬件核心。

图 0-6 毫米波雷达外观

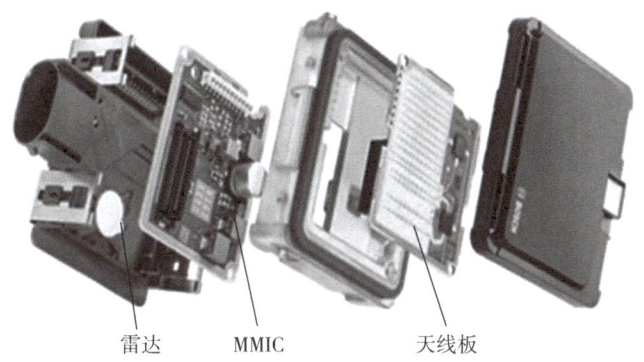

雷达　　MMIC　　天线板

图 0-7 毫米波雷达的组成

毫米波雷达的测距原理,就是先发出无线电波(毫米波),然后再接收物体反射的回波,并根据收发的时间差测得目标的位置数据和相对距离。根据电磁波的传播速度,可以确定目标的距离为 $s=ct/2$,其中 s 为目标距离(单位:m),t 为电磁波从雷达发射出去到雷达接收到目标回波的往返时间(单位:s),c 为电磁波传播的速度(单位:m/s),即光速。

2)毫米波雷达的分类

(1)按工作频段分类。毫米波雷达根据工作频段的不同,可以分为 24 GHz、60 GHz、77 GHz、79 GHz、120 GHz 五种,其中应用于智能网联汽车领域的频段主要有 24 GHz 和 77 GHz,24 GHz 用于近距离探测,77 GHz 用于远距离探测,如图 0-8 所示。

(2)按有效探测距离分类。根据毫米波雷达的有效探测距离,车载毫米波雷达可分为远程毫米波雷达(Long Range Radar,LRR)、中程毫米波雷达(Medium Range Radar,MRR)和短程毫米波雷达(Short Range Radar,SRR)。短程毫米波雷达一般探测距离小于 70 m;中程毫米波雷达一般探测距离为约 100 m;远程毫米波雷达探测距离一般大于 200 m。

频段 24 GHz 的毫米波雷达称为短程毫米波雷达,主要用于 50～60 m 的中、短程检测,主要用于盲区监测(Blind Spot Detection,BSD)、车道偏离警示(Lane Departure Warning,LDW)、车道保持辅助(Lane Keeping Assist,LKA)、变道辅助(Lane Change Assist,LCA)、泊车辅助(Parking Assist,PA),倒车辅助等。24 GHz 是目前较为成熟的工作频段,工作带宽一般为 250 MHz。

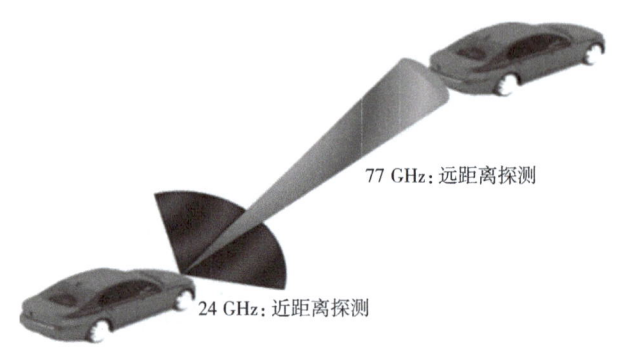

图 0-8　智能网联汽车用毫米波频段

频段 77 GHz 的毫米波雷达包含中程毫米波雷达和远程毫米波雷达。77 GHz 的毫米波雷达主要用于 100~250 m 的中、远程检测，如应用于自适应巡航系统（Adaptive Cruise Control，ACC）、前向碰撞预警系统（Forward Collision Warning，FCW）、自动紧急制动（Autonomous Emergency Barking，AEB）、自动泊车系统（Automatic Parking System，APS）、疲劳驾驶预警系统（Driver Monitor System，DMS）等。77 GHz 毫米波雷达的工作带宽为 800 MHz。

（3）按测量原理不同分类。毫米波雷达按照测量原理的不同，一般分为脉冲波雷达和调频连续波雷达两种。

脉冲波雷达系统在测量近距离目标时，发射和接收脉冲之间的时间差极小，通常达到纳秒级，要求处理器的运行频率很高，因此实际工程中较少采用。调频连续波雷达系统利用多普勒频移原理来测距测速，对处理器要求较低，因此，大部分应用场合均采用调频连续波雷达。

3）毫米波雷达的功能及应用

为了满足不同探测距离的需要，智能网联汽车内会安装大量的短程、中程和远程毫米波雷达。不同的毫米波雷达在车辆的前部、车身侧面和后部起着不同的作用，见表 0-1。

表 0-1　不同位置毫米波雷达应用

应用系统	毫米波雷达类型		
	短程雷达	中程雷达	远程雷达
自适应巡航系统	—	前方	前方
自动紧急制动系统	—	前方	前方
前向碰撞预警系统	—	前方	前方
自动泊车系统	侧方	侧方	—
盲区监测系统	前方、后方	侧方	
变道辅助系统	后方	后方	—
后方碰撞预警系统	后方	后方	
行人监测系统	前方	前方	
驻车开门辅助系统	侧方	—	—

根据公开的数据统计，国内车载毫米波雷达市场从 2017 年开始明显扩大，全年乘用车毫米波雷达出货量接近 232 万颗，同比增长 104.6%。2018 年乘用车毫米波雷达实际出货量达 358 万颗，同比增长 54%。2019 年 1 至 2 月，国内乘用车毫米波雷达累计安装量同比增长 20.5%。

随着自动驾驶级别的提高，4D 成像毫米波雷达技术作为一种前沿的探测技术备受瞩目。在传统的毫米波雷达基础上作了进一步升级，新增了对垂直高度的探测能力，从而实现了四个维度（距离、速度、方位角和垂直高度）的信息输入。4D 成像毫米波雷达将在各级别自动驾驶方案中均得到更多应用。根据预测，到 2025 年 4D 成像雷达占全部前向毫米波雷达的比重有望超过 40%，初步估算 2025 年 4D 成像毫米波雷达出货量将超 500 万颗。

3. 激光雷达认知

1）激光雷达定义

激光雷达（Light Detection and Ranging, LIDAR），如图 0-9 所示，是一种集激光、全球定位系统（GPS）和惯性测量单元（Inertial Measurement Unit, IMU）于一身的系统，通过获得目标的位置（距离、方位和高度）、运动状态（速度、姿态）等信息，实现对目标的探测、跟踪和识别，可以高度准确地定位激光束打在物体上的光斑，测距精度可达厘米级。激光雷达最大的优势就是"精准"和"快速、高效作业"。

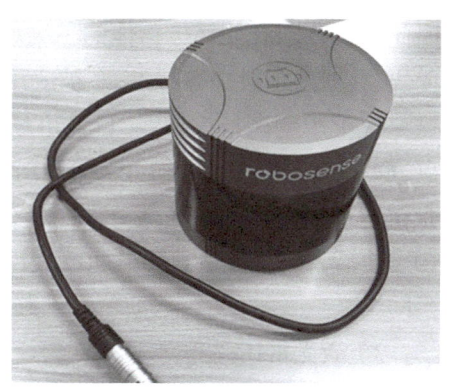

图 0-9　激光雷达

图 0-10 为单线束激光雷达结构。激光雷达机械部分主要由激光发射器、光学接收器、伺服电机、光学旋转编码器、扫描镜等构成。其通过发射激光光束来扫描环境，并接收反射回来的光束获取检测数据，利用飞行时间测量法（Time of Flight）获取激光发射器到物体的距离。具体过程为：激光雷达中的激光发射器在时间 t_1 发射出一束超短激光脉冲；激光投射到物体上后发生漫反射，激光接收器在时间 t_2 接收反射回来的激光脉冲；通过激光光束（以光速传播）的飞行时间（t_2-t_1）和光速，可以准确计算出目标物体到激光雷达的距离。

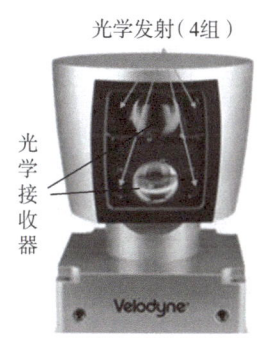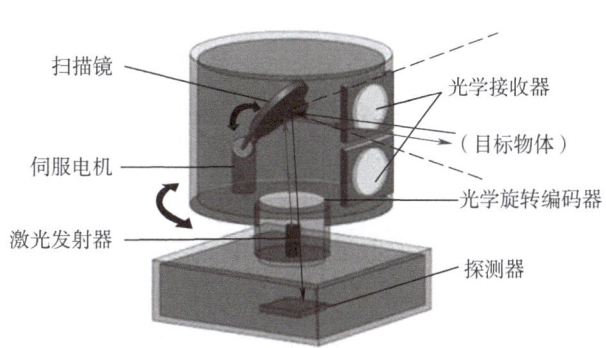

图 0-10　单线束激光雷达结构

2）激光雷达的分类

（1）按结构分类。激光雷达根据结构不同分为机械式激光雷达、固态激光雷达和混合固态激光雷达。机械式激光雷达以一定的速度旋转，在水平方向采用机械式360°旋转扫描，在垂直方向采用定向分布式扫描以搜集动态信息。固态激光雷达仅面向一个方向一定角度进行扫描，覆盖范围有所限制，但取消了复杂高频转动的机械结构，耐久性得到了巨大的提升，体积也可以大幅缩小。混合固态激光雷达是前二者的折中方案，相较机械式激光雷达，混合固态激光雷达只扫描前方一定角度内的范围，而相比纯固态激光雷达，混合固态激光雷达有一些较小的活动部件，在成本、体积等方面更容易得到控制。

（2）按线束分类。激光雷达根据线束多少又可分为单线束激光雷达与多线束激光雷达。单线束激光雷达扫描一次只产生一条扫描线，其所获得的数据为二维（2D）数据，因此无法区别有关目标物体的三维（3D）信息。不过，由于单线束激光雷达具有测量速度快、数据处理量少等特点，多被应用于安全防护、地形测绘等领域。多线束激光雷达扫描一次可产生多条扫描线，目前市场上多线束产品包括4线束、8线束、16线束、32线束、64线束等，其又可细分为2.5D激光雷达及3D激光雷达。2.5D激光雷达与3D激光雷达最大的区别在于激光雷达垂直视野的范围不同，前者垂直视野范围一般不超过10°，而后者可达到30°甚至40°以上，这也就导致二者对于汽车上的安装位置要求有所不同。

3）激光雷达特点

（1）探测范围广：可达200 m以上。

（2）分辨率高：距离分辨率可达0.1 m；速度分辨率能为10 m/s以内；角度分辨率不低于0.1 mrad。

（3）信息量丰富：探测目标的距离、角度、反射强度、速度等信息，生成目标多维度图像。

（4）可全天候工作：不依赖于外界条件或目标本身的辐射特性。

（5）与毫米波雷达相比，产品体积大，成本高。

（6）不能识别交通标志和交通信号灯。

4）激光雷达的功能及应用

激光雷达应用广泛，其应用包括高精地图的绘制，无人车定位以及障碍物检测，是目前公认L3级以上自动驾驶必不可少的传感器。

激光雷达测量激光信号的时间差、相位差来确定距离，通过水平旋转扫描或相控扫描角度数据建立二维的极坐标系，再通过获取不同俯仰角度的信号获得第三维的高度信息。高频激光可在一秒内获取大量（$10^6 \sim 10^7$数量级）的位置点信息（称为点云），并通过三维点云精确地还原环境。在此基础上，激光雷达能够实现高精度地图建图、高精度定位、环境中复杂物体的识别与跟踪等，为控制系统的正确决策提供指导。

在无人驾驶领域，多线激光雷达主要体现两个核心作用：

（1）3D建模及环境感知，如图0-11所示。多线激光雷达可以扫描汽车周围环境的3D模型，并运用相关算法对比上一帧及下一帧环境的变化，能较为容易地检测出周围的车辆及行人。

（2）同步建图定位加强。同步建图（Simultaneous Localization and Mapping，SLAM）是激光雷达的另一大特性，通过得到的实时全局地图与高精度地图中的特征物进行比对，能加强车辆的定位精度并实现自主导航。

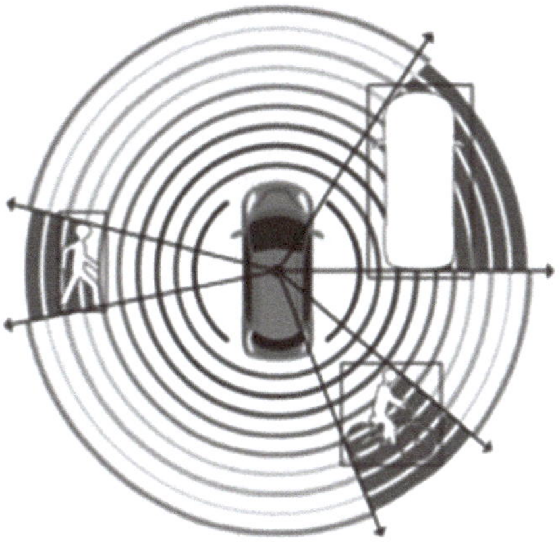

图0-11 激光雷达环境感知

4. 视觉传感器认知

1）视觉传感器的定义

视觉传感器俗称摄像头，是利用光学元件和成像装置获取外部环境图像信息的仪器。通常用图像分辨率来描述视觉传感器的性能，视觉传感器的精度与分辨率、被测物体的检测距离相关，被测物体距离越远，其绝对的位置精度越差。

视觉传感器是人工智能的一个分支，起源于20世纪80年代的神经网络技术，通过使用光学系统和图像处理工具等来模拟人的视觉能力捕捉和处理场景的三维信息，理解并通过指挥特定的装置执行决策。视觉传感器涉及多种技术，包括图像处理、机械工程、控制、电光源照明、光学成像、传感器、模拟与数字视频、计算机软硬件技术等。

视觉传感器主要由光源、镜头、图像传感器、模数转换器、图像处理器、图像存储器组成，如图0-12所示，其主要功能是获取足够的机器视觉系统要处理的最原始图像。把光源、镜头、图像处理器、标准的控制与通信接口等集成一体的视觉传感器常称为一个智能图像采集与处理单元，利用专用组态软件编制各种算法下载到视觉传感器的程序存储器中，视觉传感器将计算机的灵活性、可编程逻辑控制器（Programmable Logic Cntroller，PLC）的可靠性、分布式网络技术结合一起，可以容易地构成机械视觉系统。

图像传感器是视觉传感器的核心部件，它的作用是将通过镜头所形成的图像转变为数字或模拟信号输出。图像传感器主要有两种，分别是CCD图像传感器和CMOS图像传感器，二者都可应用于自动控制、自动测量、摄影摄像、视觉识别等领域。

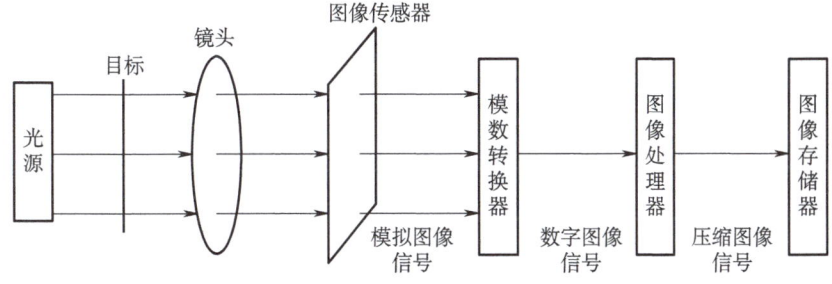

图0-12 视觉传感器的组成

（1）CCD 图像传感器。CCD（Charge-Coupled Device）也称为电荷耦合元件，主要由一个类似马赛克的网格、聚光镜片以及垫于最底下的电子线路矩阵组成，其外形如图 0-13 所示。

CCD 图像传感器又可分为线阵 CCD（图 0-14）和面阵 CCD（图 0-15），线阵 CCD 用于获取线阵图像，面阵 CCD 用于获取表面图像。

CCD 的功能类似于胶片，上面整齐排列有很多光电二极管，接收到光信号之后，其可以先将光信号转换为电信号，电信号再经过采样放大、模数转换电路变成数字图像信号。其上的最小单元的光敏物质称为像素，一块 CCD 上所包含的像素越多，感光后所得到的数字信号图像分辨率越高。

CCD 图像传感器的优点是体积小、成本低，被广泛应用于扫描仪、数码相机及数码摄像机中。

（2）CMOS 图像传感器。CMOS（Complementary Metal Oxide Semiconductor），又称为互补性氧化金属半导体。是利用 CMOS 工艺制造的图像传感器，主要利用了半导体的光电效应，和 CCD 的原理相同，其外形如图 0-16 所示。

图 0-13　CCD 图像传感器

图 0-14　线阵 CCD

图 0-15　面阵 CCD

图 0-16　CMOS 图像传感器

2）视觉传感器的分类

按照镜头和布置方式的不同，视觉传感器可以分为单目摄像头、双目摄像头、三目摄像头及环视摄像头。

摄像头还有一般摄像头和红外摄像头之分，由于普通摄像头只能在白天工作，不能兼顾汽车夜间行驶的需求，所以汽车上的摄像头基本均采用红外摄像头，例如红外夜视系统。

3）视觉传感器的功能及应用

视觉传感器的功能主要是车道线识别、障碍物检测、交通标志和地面标志识别、交通信号灯识别、可通行空间检测、车辆行人的检测、交通状况感知、道路状况感知、车辆本身状态感知等。视觉传感器检测信息全面、价格便宜，但受雨雪天气和光照影响较大。

由于摄像头具有成本相对低、算法成熟度高、体积小、功能多样化等优势，智能网联汽车上的视觉传感器安装数量较多，如图 0-17 所示，包含 1 个内置摄像头、1 个前视摄像头、1 个行车记录仪摄像头、1 个倒车后视摄像头、2 个侧视摄像头和 2 个环视摄像头。

视觉传感器在智能网联汽车上的具体应用和实现功能见表 0-2。

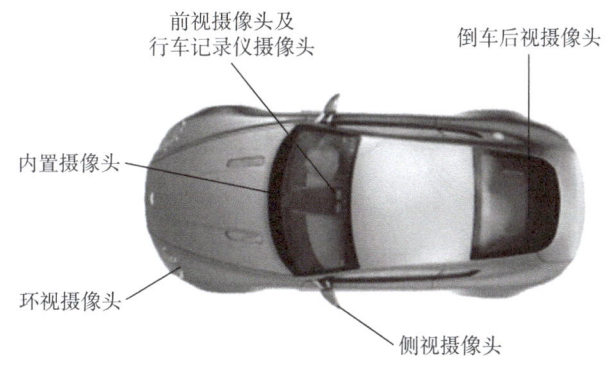

图 0-17 摄像头的应用

表 0-2 视觉传感器在智能网联汽车上的应用

驾驶辅助功能	摄像头位置	实现功能
车道偏离预警	前视	当检测到车辆即将偏离行车道时发出警告
盲点监测	侧视	利用侧视摄像头将后视镜盲区的影像显示在驾驶舱内
泊车辅助	后视	利用后视摄像头将车尾影像显示在驾驶舱内
全景泊车	前视、侧视、后视	利用图像拼接技术将摄像头采集到的影像组合成车辆周边的全景图
驾驶员检测	内置	利用内置摄像头检测驾驶员是否疲劳、闭眼等
行人碰撞预警	前视	当检测可能与前方行人发生碰撞时发出警告
车道保持辅助	前视	当检测到车辆即将偏离行车道时由车辆控制器纠正行驶路线
交通标志识别	前视、侧视	识别车辆前方和两侧的交通标志
前向碰撞预警	前视	当检测到与前车距离过近时发出警告

5. 定位与导航系统

1）全球导航卫星系统

全球导航卫星系统（Global Navigation Satellite System，GNSS）是一种基于卫星基础设施的，具有全球覆盖范围的无线电定位技术。

全球已投入运行的 GNSS 主要包括美国的全球定位系统 GPS、俄罗斯的格洛纳斯卫星导航系统（GLONASS）、欧洲的伽利略系统（GALILEO）和我国的北斗卫星导航系统（BDS）。GNSS 广泛应用于导航、地图制作、精准农业、测绘、气象学和科学研究等领域。

（1）全球定位系统（GPS）。GPS 全球定位系统由空间部分、地面监控部分和用户部分等组成，如图 0-18 所示。

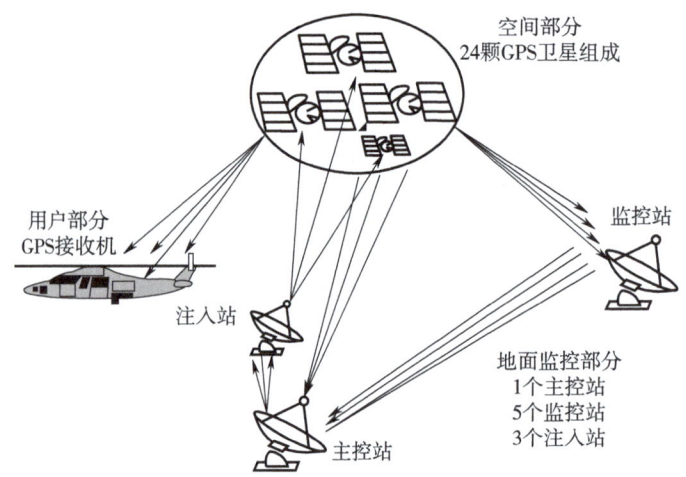

图 0-18　全球卫星导航系统组成

①空间部分：GPS 的空间部分由 24 颗工作卫星组成一个 GPS 卫星组，其中 21 颗是导航卫星，3 颗是活动的备用卫星。24 颗卫星均匀分布在 6 个轨道面上绕地球运行，每个轨道面上有 4 颗卫星，轨道倾角为 55°。卫星的运行周期约为 12 h。各轨道平面上卫星间的仰角为 90°，其中一个轨道平面上的卫星比西部相邻轨道平面上相应的卫星提前 30°。GPS 卫星组保证全天 24 h，在高度角 15°以上，用户能够同时观测到 4～8 颗卫星，每颗工作卫星都发射用于导航和定位的信号，用户使用这些信号就可以实现导航。

②地面监控部分：1 个主控站，5 个监控站，3 个注入站（又称地面天线）和通信与辅助系统。主控站主要用于采集各监测站的数据；地面天线用于接收 GPS 卫星信号；监控站用于监测和采集数据；通信辅助系统用于实现两个或两个以上地点之间的通信。

③用户部分：卫星导航接收器和卫星天线。用户部分的作用是接收 GPS 卫星所发出的信号，利用这些信号进行导航定位，接收机捕获被并跟踪卫星的运行情况，其微处理器再根据定位解算方法进行定位计算，得到用户地理位置的纬度、经度、高度、速度、时间等信息。典型的 GPS 接收机如图 0-19 和图 0-20 所示。

图 0-19　手持 GPS 接收机　　　图 0-20　GPS 接收机

（2）北斗卫星导航系统（BDS）。北斗卫星导航系统（BDS）是中国自行研制的全球卫星导航系统，也是继 GPS、GLONASS 之后的第三个成熟的卫星导航系统。

北斗卫星导航系统定位原理与 GPS 定位原理基本相同，首先由中心控制系统向卫星Ⅰ和卫星Ⅱ同时发送询问信号，经卫星转发器向服务区内的用户广播，用户响应其中一颗卫星的询问信号，并同时向两颗卫星发送响应信号，经卫星转发回中心控制系统，中心控制系统接收并解调用户发来的信号，然后根据用户的申请服务内容进行相应的数据处理。

北斗卫星定位系统由空间段、地面段和用户段三部分组成。北斗卫星导航系统空间段由若干地球静止轨道卫星、倾斜地球同步轨道卫星和中圆地球轨道卫星组成混合导航星座。北斗卫星导航系统地面段包括主控站、时间同步/注入站和监测站等若干地面站。北斗卫星导航系统用户段包括北斗兼容其他卫星导航系统的芯片、模块、天线等基础产品，以及终端产品、应用系统与应用服务等。

北斗卫星导航系统技术特点：使用三频信号；定位导航授时；有源定位及无源定位相结合；短报文通信服务；关联紧密，境内监控；覆盖范围广。

2）惯性导航系统

自动驾驶车辆中，车辆的实时精准定位显得尤为重要，全球定位系统（GPS）在无人驾驶定位中担负着相当重要的职责。但由于车辆处于城市的复杂动态环境中，GPS 多路径反射的问题会很明显，GPS 定位信息很容易出现较大误差，有时甚至能有数米的误差。对于在有限宽度的车道上高速行驶的汽车来说，这样的误差很有可能导致交通事故。此外，由于 GPS 的更新频率低（10 Hz），在车辆快速行驶时很难给出精准的实时定位。所以常用惯性传感器（IMU）来辅助定位，提高定位的精度。

IMU 是检测加速度与旋转运动的高频（1 kHz）传感器，作为惯性测量单元对其数据进行处理后可以实时得出车辆的位移与转动信息，但 IMU 自身也有偏差与噪声等问题。通过融合 GPS 与 IMU 数据，可以达到较好的定位效果。图 0-21 所示为爱普生惯性测量单元。

（1）惯性导航系统（INS）认知。惯性导航系统（Inertial Navigation System，INS）是一种利用惯性传感器测量载体的角速度信息，并结合给定的初始条件实时推算速度、位置、姿态等参数的自主式导航系统，如图 0-22 所示。惯性导航系统基于惯性传感器的定位方法,利用陀螺仪和加速度传感器,测量车辆的角加速度和线加速度,并将测量数据整合起来,计算出车辆相对于初始姿态的当前姿态信息。惯性定位方法不需要接收外部信号,不受环境干扰,但是存在累积误差,时间越长,积累误差越大。因此,该方法适用于短时间内的局部定位,或辅助定位。惯性定位广泛应用于与其他定位方式的组合中。

 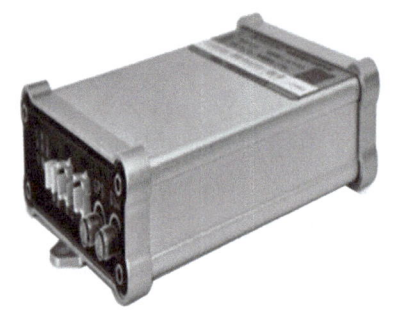

图 0-21　惯性测量单元　　　　　图 0-22　惯性导航系统

惯性是指使用惯性器件即陀螺仪和加速计确定运载体的角速度和加速度,其中陀螺仪用来测量运载体的角速度,如图 0-23 所示,加速计用来测量运载体的加速度,其外形如图 0-24 所示。导航是指确定运载体的位置、航向及姿态。惯性导航系统是指将敏感器件如陀螺仪和加速计数据视为导航参数的解算系统,该系统根据陀螺的输出建立起导航坐标系,根据加速计输出解算出运载体的速度和位置,原理如图 0-25 所示。

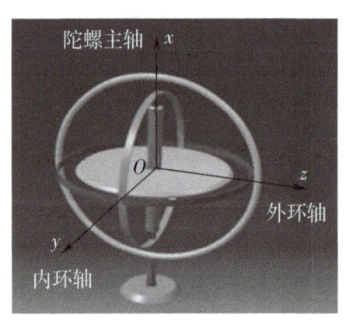 

图 0-23　陀螺仪　　　　　　　　图 0-24　加速计

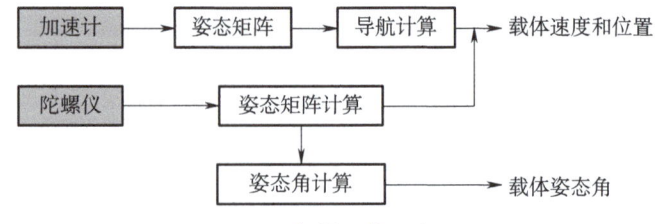

图 0-25　惯性导航系统原理

（2）惯性导航系统的分类。根据陀螺仪的不同,惯性导航系统可分为机电（包含液浮、气浮、静电、挠性等种类）陀螺仪惯性导航系统、光学（包含激光、光纤等种类）陀螺仪惯性导航系统及微机械（MEMS）陀螺仪惯性导航系统。

根据力学编排实现形式的不同,惯性导航系统可以分为平台式惯性导航系统和捷联式惯性导航系统。

（3）惯性导航系统的优缺点。

①优点：可以独立使用,不需要借助 GPS 信号,可以在隧道、地下室等环境实现定位、测速；高采样率和运算速度可实现很短的时延,更新频率高,工作频率可达 100 Hz 以上；短时间内的推算精度高,误差小。

②缺点：初始速度、方向无法测量；随着时间推移,速度、位置累计误差严重。

复习提高

1. 请查阅资料,阐述智能网联汽车环境感知传感器的种类及作用。

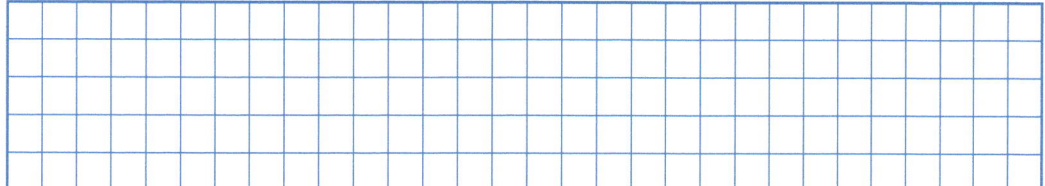

2. 请查阅资料,阐述各环境感知传感器的工作原理。

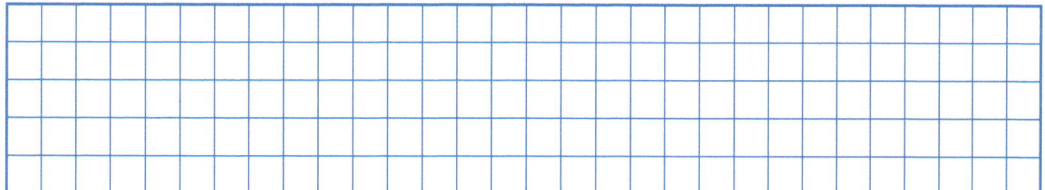

3. 请查阅资料,明确各环境感知传感器的安装位置。

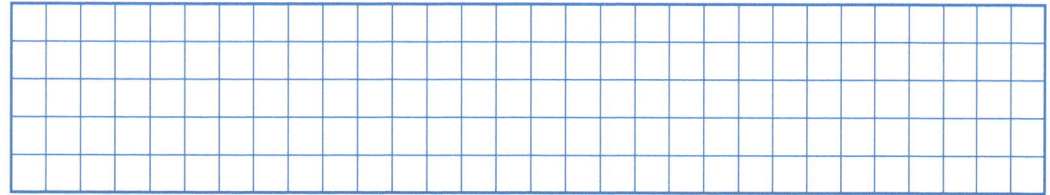

4. 请查阅资料,阐述各环境感知传感器探测障碍物的技术特点。

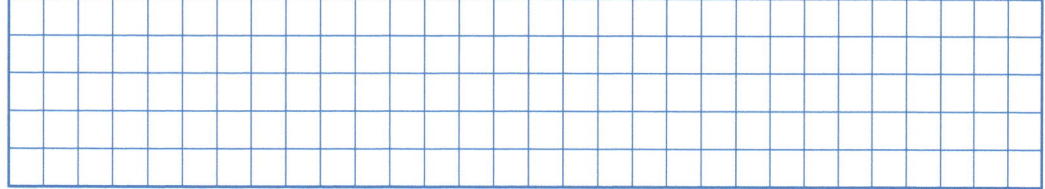

5. 请在下方区域画出各传感器在车辆上的布置情况简图。

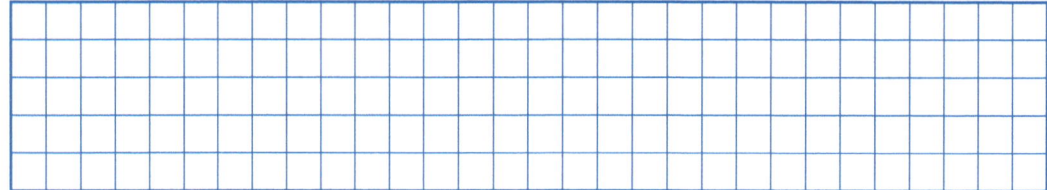

6. 简述 GPS 的组成。

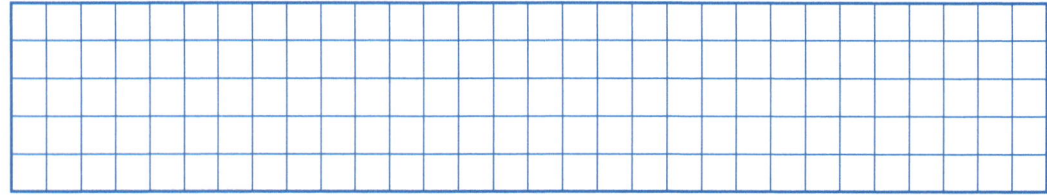

7. 简述北斗卫星导航系统的组成及原理。

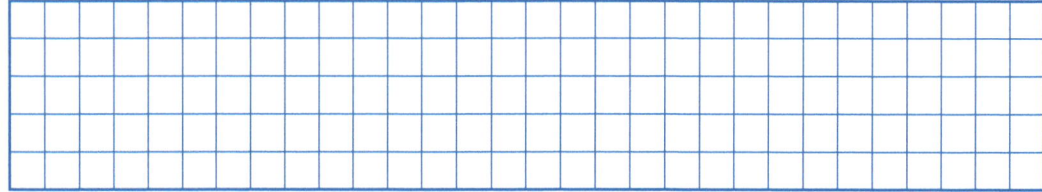

学习模块 1
超声波雷达的原理、安装与标定

基础知识　超声波雷达组成及原理

学习目标

知识目标
1. 了解超声波雷达工作原理。
2. 掌握超声波雷达特点、参数。
3. 掌握超声波雷达探测障碍物的技术特点。

能力目标
1. 能完成超声波雷达的安装。
2. 能完成超声波雷达的调试。

素养目标
1. 培养学生严谨细致的工作态度和精益求精的工匠精神。
2. 培养学生的安全意识和规范操作习惯。
3. 培养学生的责任意识和担当精神。

知识导航

1. 超声波雷达的特点

超声波雷达在汽车上的应用中具有如下特点：

（1）汽车上用的超声波雷达，频率为 40 kHz，相对固定。

（2）超声波的传播速度低，并且指向性强，灵敏度高，能量消耗缓慢。一般测量距离小于 10 m。

（3）超声波对色彩、光照度不敏感，可适用于识别透明、半透明及漫反射差的物体。

（4）超声波抗环境干扰能力强，可全天候工作，可在室内、黑暗、有灰尘或烟雾、电磁干扰强、有毒等恶劣环境中使用。

（5）超声波雷达结构简单，体积小，成本低，信息处理简单可靠，易于小型化与集成化，并且可以进行实时控制。

（6）超声波雷达适用于轿车低速行驶时，因为在不同的天气情况下，超声波的传输速度不同，当汽车高速行驶时，超声波测距无法跟上车距的实时变化，误差较大。

（7）超声波有一定的扩散角，只能测量距离，不能测量方位，因此泊车时必须在汽车前、后保险杠不同方位上安装多个超声波雷达。

（8）对于低矮、圆锥形、过细的障碍物或者沟坎，超声波雷达不容易探测到。

（9）超声波的发射信号和余振的信号都会对回波信号造成覆盖或者干扰，形成探测盲区，可安装视觉传感器解决盲区问题。

2. 超声波雷达的结构

超声波雷达的主要材料是一种具有压电效应，能够实现电能与机械能相互转换的晶体材料压电晶片。超声波雷达有一个发射头，一个接收头，通过超声波发射头发出超声波脉冲，经介质（空气）传到障碍物表面，被障碍物反射后再通过介质（空气）传回到接收头，计算出超声波脉冲从发射到接收往返的时间，再根据介质中的声速，就可以得到从探头到障碍物表面之间的距离。超声波雷达结构如图1-1所示。

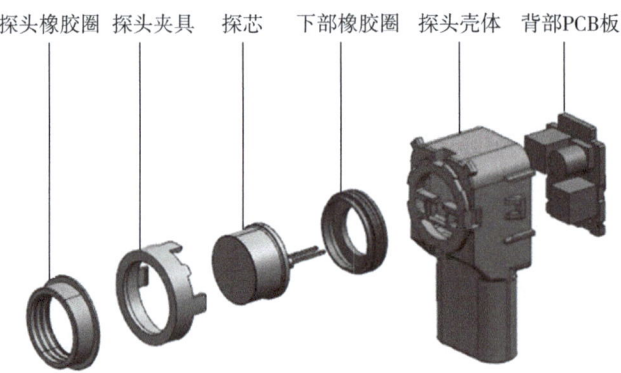

图 1-1 超声波雷达结构

3. 超声波雷达测距原理

超声波雷达的测距原理是利用超声波发射装置向外发出超声波到通过接收器接收到发送过来超声波时的时间差来测算距离，如图1-2所示。工作时，超声波发射器不断发射出一系列连续脉冲，给测量逻辑电路提供一个短脉冲，由信号处理装置对接收的信号依据时间差进行处理，自动计算出汽车与障碍物之间的距离。超声波雷达测距原理简单，成本低，但其传输速度受天气影响较大，不能测量；另外，超声波能量与距离的二次方成正比衰减，距离越远，灵敏度越低，从而使超声波雷达测距只适用于较短距离。目前，国内外一般的超声波雷达，其理想的测量距离为4~5 m，因此大都用于汽车倒车雷达等近距离测距中。

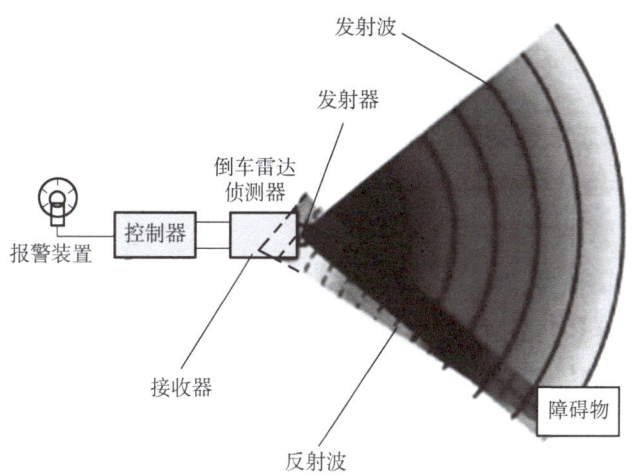

图 1-2 超声波雷达工作原理

4. 超声波雷达的主要参数

（1）测量范围。超声波雷达的发射波长越长，频率越小，检测距离越大。

（2）测量精度。被测物体体积过小、表面形状凹凸不平、物体材料吸收声波等情况都会降低超声波雷达测量精度。

（3）波束角。以超声波雷达中轴线的延长线为轴线，到一侧能量强度减小一半处的角度称为波束角。波束角越小，指向性越好。

（4）工作频率。一般选择在 40 kHz 左右，方向性尖锐，且避开了噪声干扰，提高了信噪比。

（5）抗干扰性能。环境中的噪声会干扰超声波雷达接收障碍物反射回来的超声波，超声波雷达应具有一定的抗干扰能力。

学习情境　超声波雷达的安装标定

学习目标

知识目标

1. 掌握超声波雷达的工作原理。
2. 了解超声波雷达的作用。
3. 掌握超声波雷达的安装标定步骤。

能力目标

1. 掌握超声波雷达的标定方法。
2. 能够熟练进行超声波雷达的标定操作。

素养目标

1. 树立效率意识、规范意识,培养人际沟通、团队合作的能力。
2. 培养爱岗敬业的职业道德和严谨务实的工作作风。
3. 培养自主学习的能力及制订工作计划、独立决策的能力。

知识导航

1. 超声波雷达的安装位置

超声波雷达安装在汽车前、后保险杠上,一般前部安装 4 个,后部安装 4~6 个。UPA 和 APA 的探测范围和探测区域如图 1-3 所示,图中的汽车配备了前后方向各 4 个 UPA,左右两侧各 2 个 APA。APA 的探测距离优势让它不仅能够检测左右侧的障碍物,而且还能根据超声波雷达返回的数据判断停车位是否存在。因此,超声波雷达可用于自动泊车时的泊车库位检测。

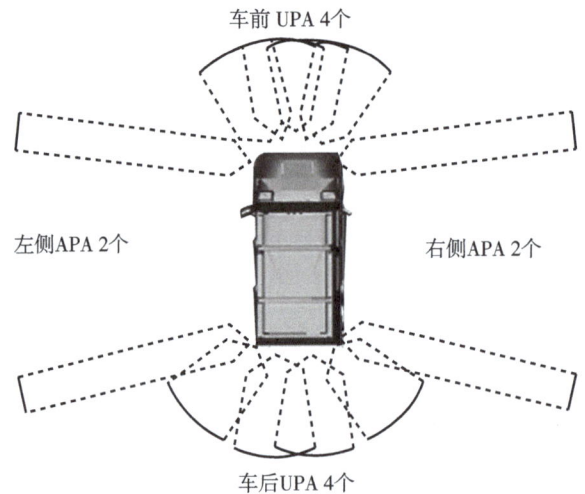

图 1-3 超声波雷达探测范围

2. 超声波雷达的安装调试

1)接通超声波实验箱电源

(1)通过连接系统配套的 12 V 直流电源适配器对系统主机进行供电,如图 1-4 所示为超声波实验箱。

(2)连接电源适配器(图 1-5)上的交流 220 V 延长线(图 1-5 右侧的电源延长线)。不同时期的适配器可能会不同。

(3)将电源适配器一端通过 220 V 电源线插到交流插座上,另外一端的圆形端子插接到主机右侧的"12 V"圆形黑色电源插孔,如图 1-6 所示。

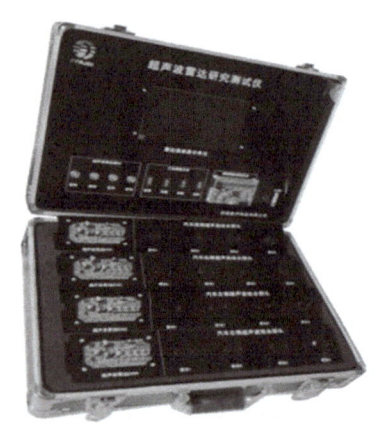

图 1-4 超声波实验箱

图 1-5　电源适配器　　　　　　　图 1-6　12V 电源接口

2）连接总线通信工具

（1）将 PFAutoCANTest 总线通信工具和配套的线缆进行连接，注意 DB9 插头的插入方向，如图 1-7 所示。

图 1-7　已经连接好 DB9 接口的 PFAutoCANTest 总线通信工具

（2）将 PFAutoCANTest 总线通信工具的 CAN 总线延长线接入主机上侧面板的右下方 CAN 接口（航空插座；注意接口方向，方向不正确将不能接入；接入时插头的凹槽对应于插座的凸起），连接情况如图 1-8 所示。

（3）将 USB 延长线与计算机 USB 接口进行连接，如果计算机端 USB 驱动正确安装，则"PFAutoCANTest 总线通信工具"上的"SYS"指示灯将会由红色变成绿色；若 USB 驱动未正确安装，则指示灯会一直是红色。连接成功后的指示灯如图 1-9 所示。

图 1-8　已经与 PFAutoCANTest　　　　图 1-9　总线工具指示灯
总线通信工具连接好的 CAN 接口

学习模块 1　超声波雷达的原理、安装与标定

（4）双击"PFAutoCANTest"软件图标，如图1-10所示，打开"PFAutoCANTest"软件（该软件为绿色免安装软件，可以直接打开），打开软件后的界面如图1-11所示。

图1-10　软件图标

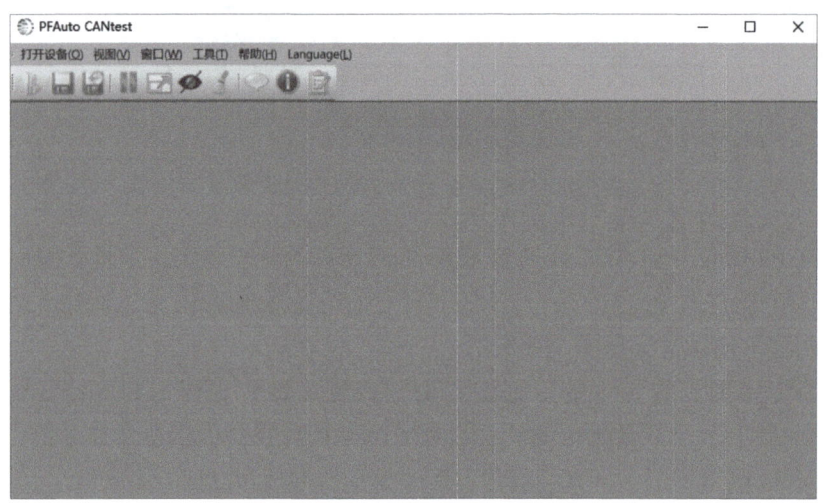

图1-11　软件界面

（5）点击软件最上面的"打开设备"菜单，并选择"PFAutoCAN-2"→"Dev0"，如图1-12所示。

（6）点击"Dev0"后，软件界面如图1-13所示。

注：部分显示器分辨率、操作系统原因，软件界面下方的"控制面板"窗口可能会出现显示不全的现象，此时可以拖动该窗口上方与数据窗口的边界，调整窗口大小。

（7）在如图1-13所示的软件界面中，"PFAutoCAN-2 Dev 0-0"是PFAutoCANTest总线通信工具的高速CAN总线通道"数据窗口"，CAN总线物理层为高速总线物理层（通信波特率为500 k）；"PFAutoCAN-2 Dev 0-1"是PFAutoCANTest总线通信工具的低速CAN总线通道"数据窗口"，CAN总线物理层为低速总线物理层（通信波特率为100 k）。

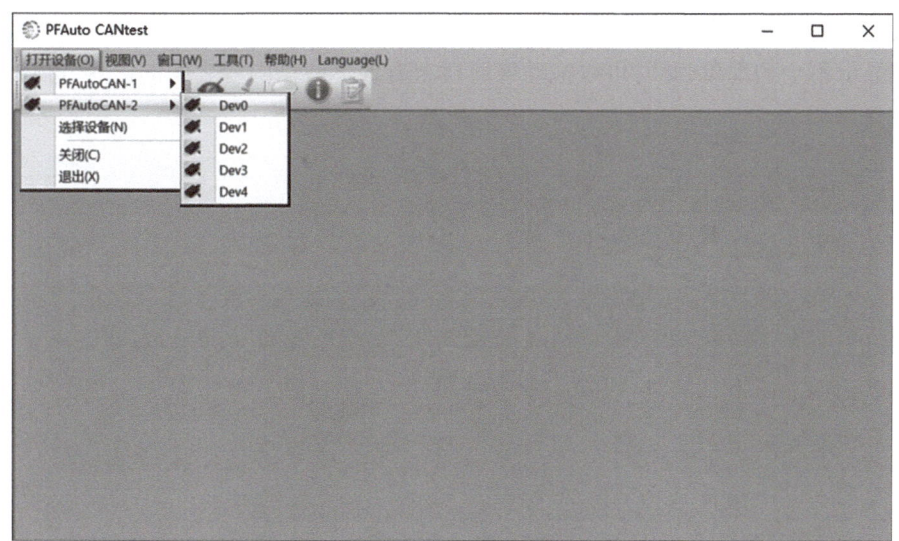

图 1-12　PFAutoCANTest 总线工具选择

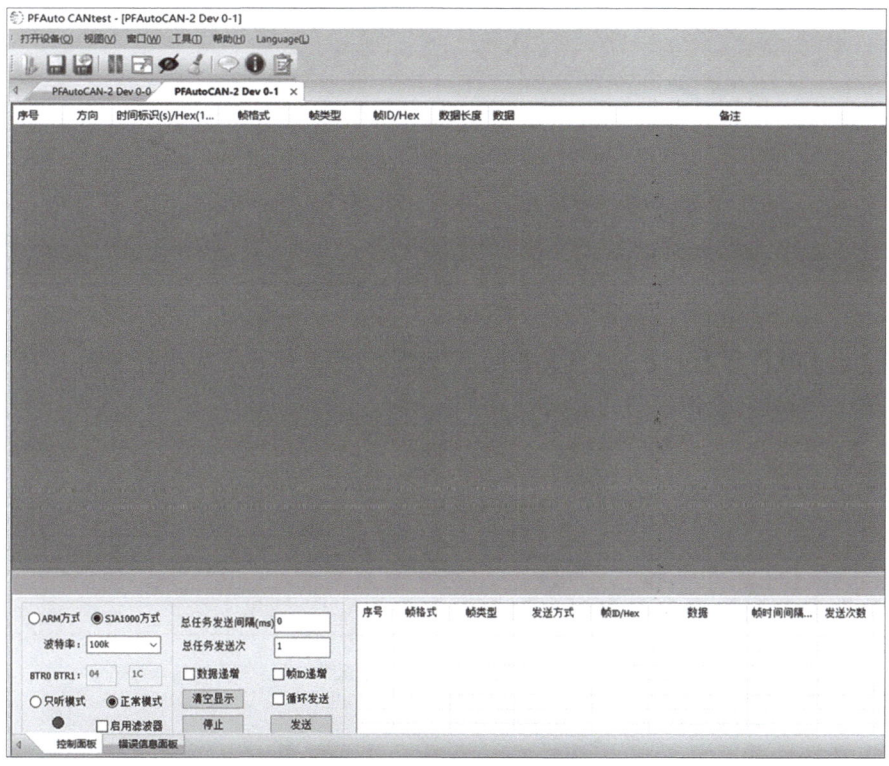

图 1-13　选择"Dev0"后的界面

（8）先点击"波特率"设置选项（图 1-14 箭头所示），设置波特率（图 1-14 箭头所示），然后点击"打开"按键（图 1-14 箭头所示），如果此时主机处于上电并正常状态，并且 PFAutoCANTest 总线通信工具的 USB 驱动正常，则可能出现如图 1-14 所示带有 CAN 总线通信数据的界面。

注：部分显示器分辨率、操作系统原因，软件界面上方的"数据窗口"内的数据可能会出现显示不全的现象，此时可以拖动该窗口上方各个数据内容之间的边界，进行窗口大小调整。

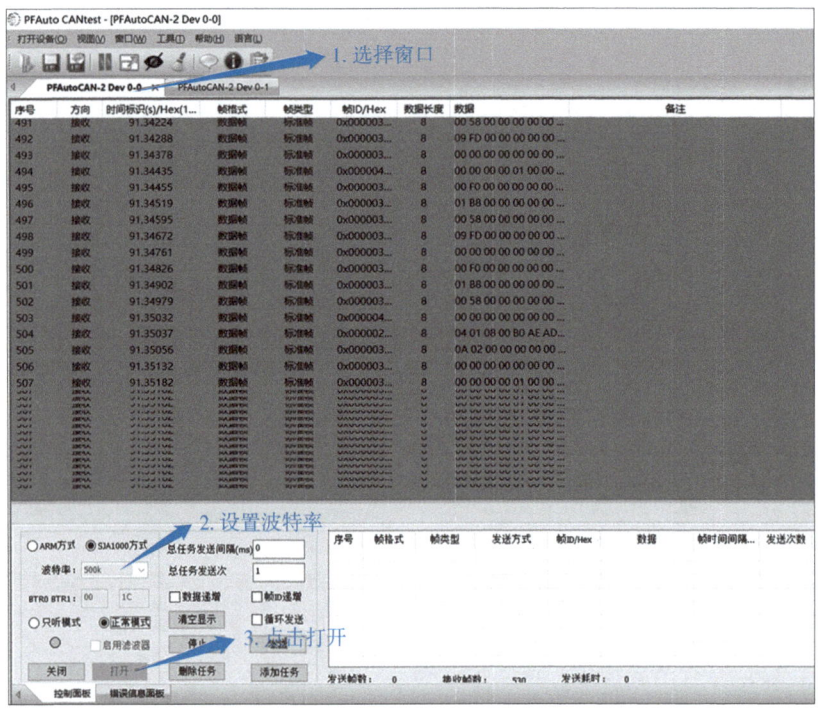

图 1-14　CAN 总线通信数据界面

（9）点击软件界面上方的"合并相同 ID"按键（箭头所示），将出现如图 1-15 所示的显示内容，此时软件会把相同的 ID 显示在同一个位置。

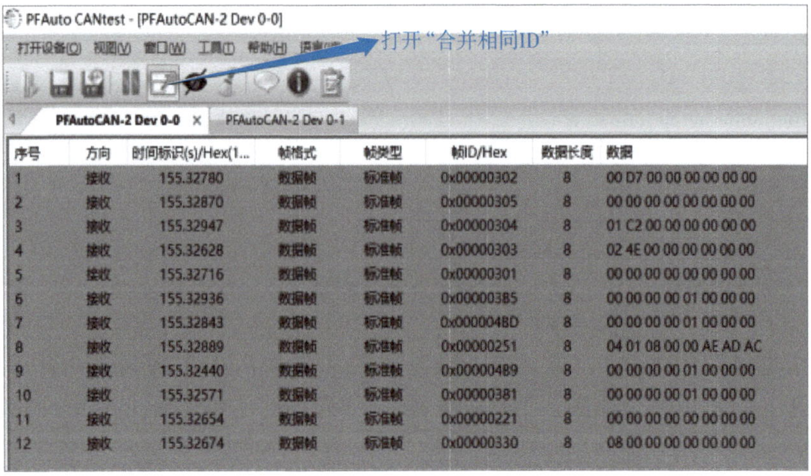

图 1-15　合并相同 ID 后的数据窗口

软件界面报文显示窗口的内容含义见表 1-1。

表 1-1 报文显示窗口内容释义

序号	内容	含义
1	序号	根据收到报文的顺序进行编号。合并相同 ID 后则是按相同 ID 报文的第一个报文的先后顺序排序
2	方向	CAN 报文的传输方向。"接收"表示是计算机从"PFAutoCANTest 总线通信工具收到的连接到该工具的 CAN 网络报文;"发送"则表示 PFautoCANTest 工具所配套的软件在计算机端发送的 CAN 报文
3	时间标识	从点击软件的"运行"按钮开始到收到 CAN 报文的时间,单位为 10 s
4	帧格式	CAN 报文的帧格式,内容有数据帧(数据域)、远程帧(不带数据域)
5	帧类型	CAN 报文的帧类型,内容有标准帧(CAN2.0A)、扩展帧(CAN2.0B)
6	帧 ID	CAN 报文优先级(ID);当报文 ID 后有"x"标示时,则表示该报文为 29 位标识符的扩展帧(CAN.0B 协议)
7	数据长度	CAN 报文的数据域长度,范围为 0~8,单位为字节(Byte)
8	数据	CAN 报文的数据内容,最多 8 个字节
9	备注	可以在单次运行中对报文 ID 进行备注,比如将 0x181 报文 ID 备注为"左前车门控制模块闭锁器控制报文"等

3) 观察数据

(1) 打开实验箱上的"倒车灯"按钮,在探头测试范围内的任意距离设置一个障碍物(障碍物距离不超过 2.5 m),在"帧 ID/Hex"列表中找到"0x00000251",观察其后面的数据"04 01 08 00 00 AE AD AC",并截图记录下来,如图 1-16 所示。

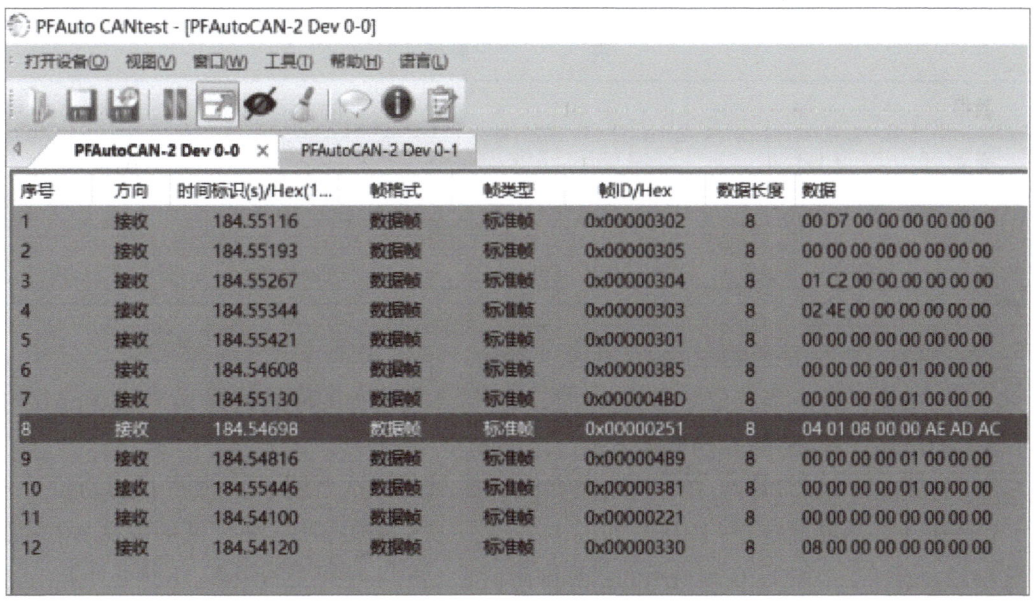

图 1-16 探测数据查看

（2）关闭倒车灯开关按钮，如图1-17所示，点击控制面板中的"关闭"选项，如图1-18所示，根据报文信号明细表1-2，了解记录的数据含义。

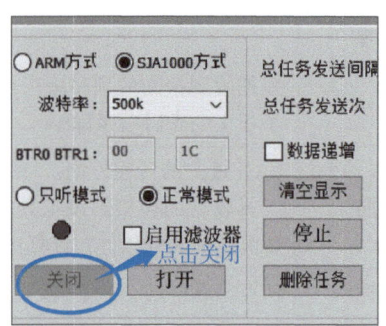

图1-17 倒车灯开关　　　　图1-18 控制面板"关闭"选项

表1-2 报文信号明细

序号	信号	报文内布局	位宽	值表
1	倒车雷达探头序号	Bit0～7	8	1、2、3、4对应1、2、3、4雷达探头
2	障碍物距离，单位：m	Bit18～15	8	0～3对应0～3 m
3	障碍物距离，单位：dm	Bit16～23	8	0～9对应0～9 m
4	障碍物距离，单位：cm	Bit24～31	8	0或5对应0或5 cm

发送周期为500 ms，上电即开始发送，无倒车开关信号时，发送的数据全部为0。

以数据"04 01 08 00 00 AE AD AC"为例进行报文数据解析，见表1-3。

表1-3 数据解析

数据	04	01	08	00
含义	4号探头	1 m	8 dm	0 cm
数据	00	AE	AD	AC
含义	1号探头原始数据	2号探头原始数据	3号探头原始数据	4号探头原始数据

报文整体含义：障碍物距离4号探头1.80 m。

（3）数据计算。当首位数字为04时，只计算4号探头的原始数据AC，AE和AD均不计算。具体计算AC数据步骤如下：

①打开电脑自带计算器，在计算器选项中，选择"程序员"，如图1-19和图1-20所示。

②在计算器界面选择"HEX"，如图1-21所示，然后选择所需要计算的数据AC。如图1-22所示，在"DEC"右侧显示的数据即障碍物距离4号探头的距离。（此处计算出的距离为1.72 m，与前面的数据1.80 m相差8 cm，为正常范围内的误差值）

图 1-19 计算器位置

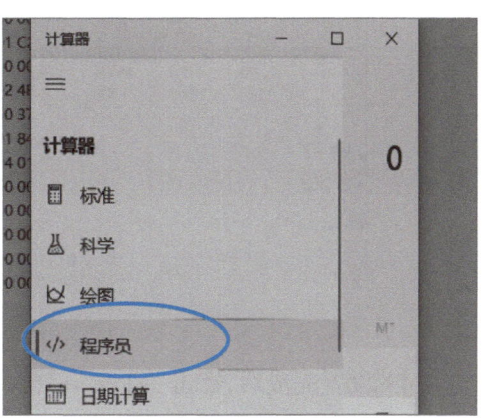

图 1-20 程序员选项

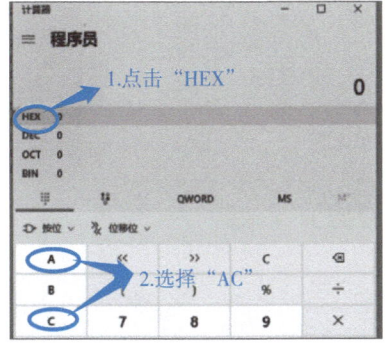

图 1-21 HEX 选项

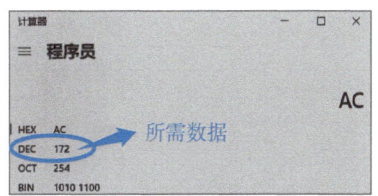

图 1-22 所需数据

4）通过通信仪发送数据

（1）发送控制倒车灯开关数据。

（2）在控制面板中，点击"添加任务"，如图 1-23 所示。

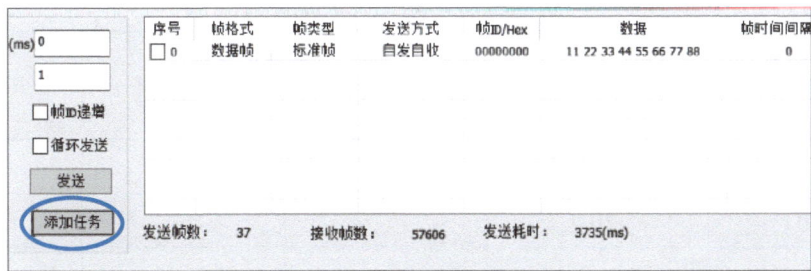

图 1-23 "添加任务"选项

（3）在新增的任务栏中编辑相关数据，如图 1-24 所示，将"序号"勾选为"√"，编辑"帧格式"为"数据帧"，"帧类型"为"标准帧"，"发送方式"为"正常发送"，"帧 ID/Hex"为"00000305"（此处为控制倒车灯开关的帧 ID），编辑"数据"为"00 10 00 00 00 00 00 00"（此处注意字节之间需要有空格隔开），设置"帧时间间隔"为"100"，发送次数为"1000"。

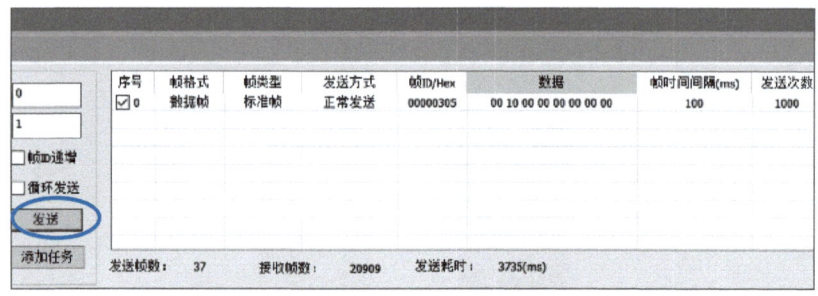

图 1-24 编辑数据

（4）设置完成后，点击"打开"后再点击"发送"。此时会发现，实验箱倒车灯开关未打开，但语音系统却仍在提示探头与障碍物的距离，说明发送数据成功，如图 1-25 所示。

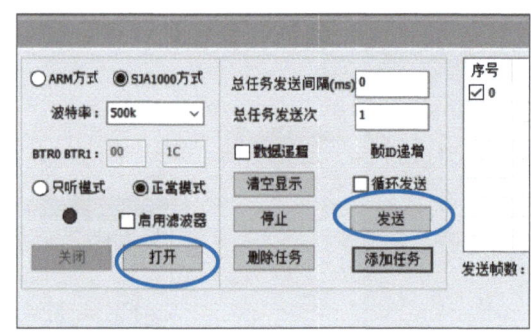

图 1-25 数据发送

5）根据观察现象计算相关数据

在探头测试范围的任意距离设置一个障碍物（障碍物距离不超过 2.5 m），在"帧 ID/Hex"列表中找到"0x00000251"，记录其后面的数据，重复步骤 3），将观察到的数据进行计算和释义，填在表格 1-4 中。

表 1-4 USB 驱动数据记录表

数据 / 信息	USB 驱动数据记录表			
观察帧 ID/Hex：	00000305			
数据：				
前四位字节：	01			
含义：				
后四位字节：	AE			
含义：				
报文整体含义：			距离误差值：	

学习任务

1. 信息（创设情境，提供资讯）

一辆智能网联汽车行驶中，超声波雷达失效，需要更换新的超声波雷达，那么超声波雷达是如何安装和标定的呢？请完成如下任务。

独立工作：搜集超声波雷达的安装标定方面信息，完成以下任务。

（1）请查阅资料，阐述超声波雷达工作原理。

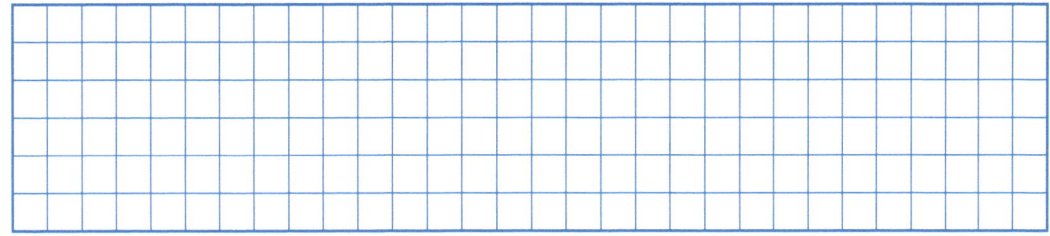

（2）请查阅资料，阐述超声波雷达的应用特点。

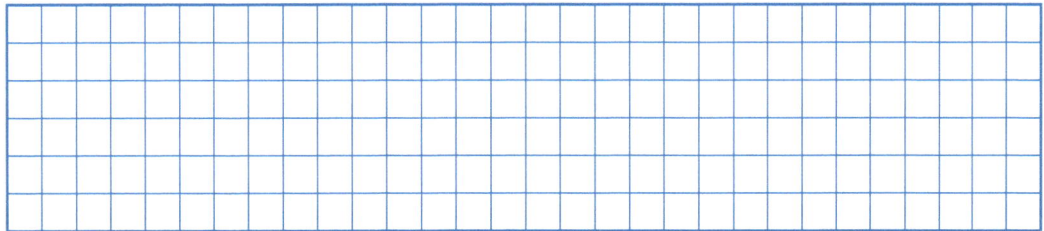

（3）请查阅资料，阐述超声波雷达结构。

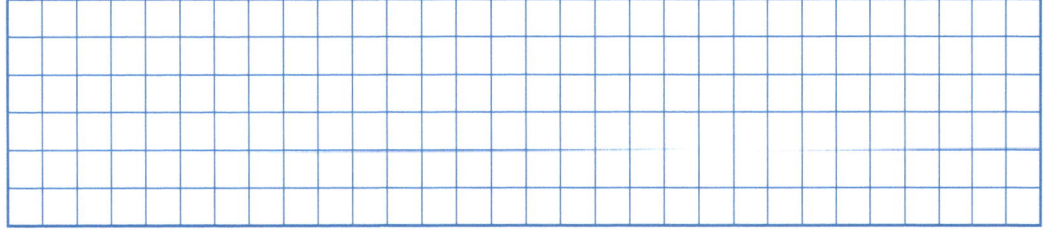

（4）简述超声波雷达结构的测距原理。

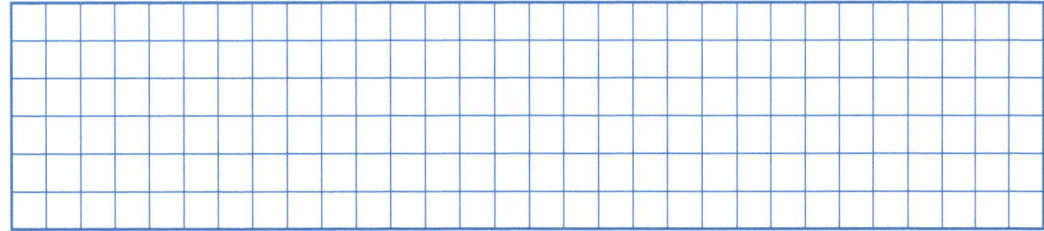

（5）写出超声波雷达的主要参数。

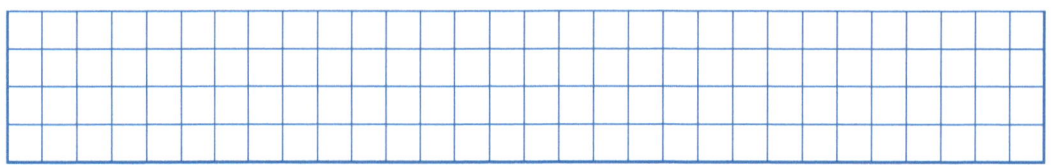

（6）请查阅资料，说明超声波雷达的安装位置和标定工具使用方法。

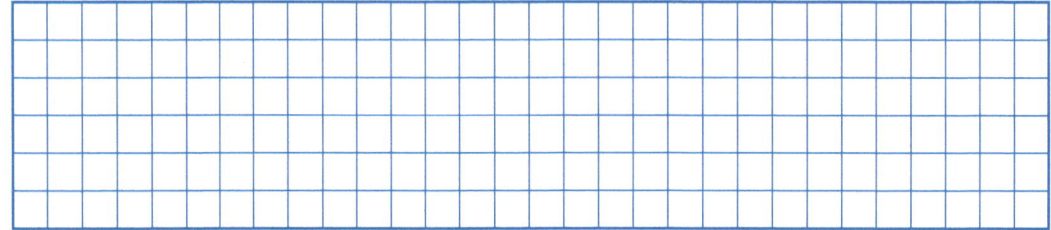

2. 计划（分析任务，制订计划）

个人 / 小组工作：根据超声波雷达的安装标定要求完成下列任务。

（1）根据超声波雷达知识导航，请拟定标定参数说明表。

序号	标定参数	实际值	参考值	是否合格
1				
2				
3				
4				
5				
6				
7				
8				

（2）根据超声波雷达的安装标定任务，制定实施安装标定的步骤。

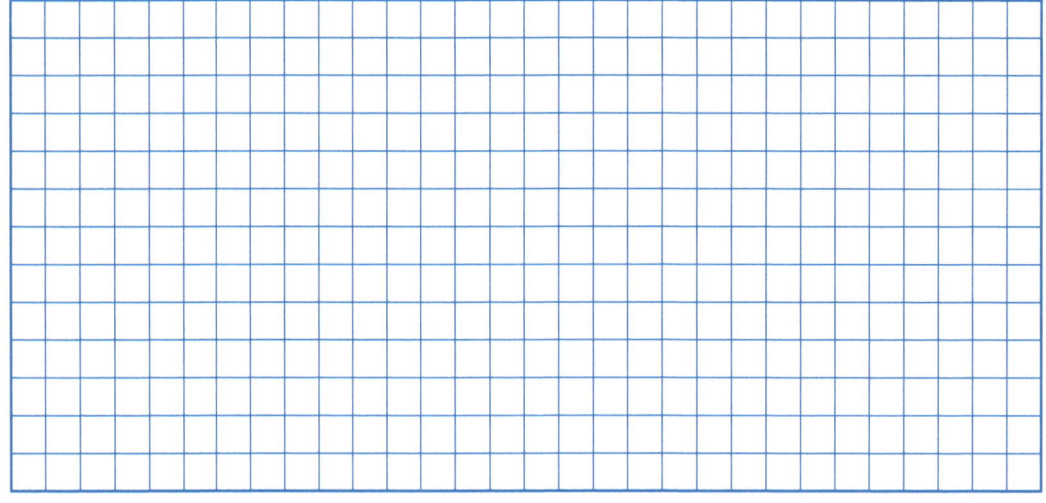

（3）请根据现场情况,列出超声波雷达的安装标定全过程所需工具、材料清单。

序号	名称	型号	数量	规格
1				
2				
3				
4				
5				
6				
7				
8				

3. 决策（集思广益,作出决定）

个人/小组工作:根据超声波雷达的安装标定要求完成下列任务。

（1）参照相关技术文件,绘制各测量项目示意简图。

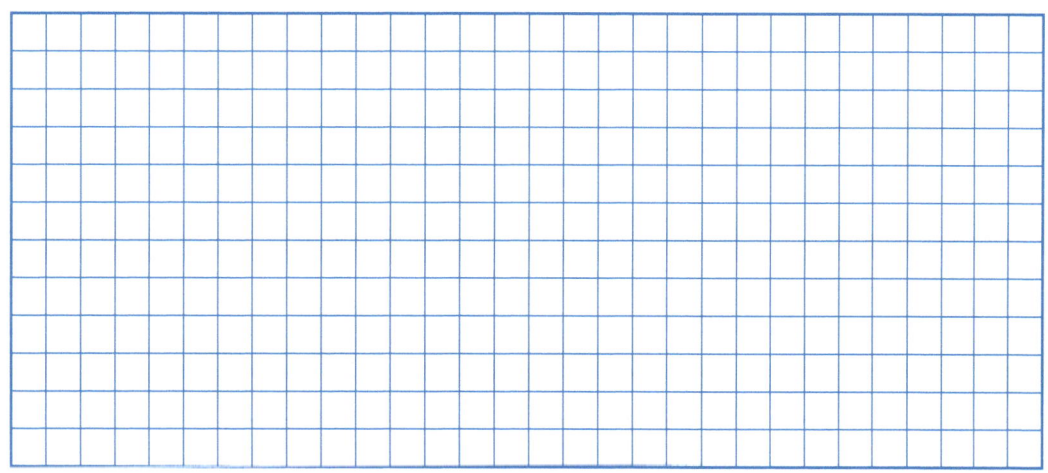

（2）参考工作计划模板,请设计超声波雷达的安装标定项目小组工作计划表,确认成员分工及计划时间,并记录工作要点。

序号	工作计划	职责	人员	计划工时	备注
1					
2					
3					
4					
5					
6					
7					
8					

4. 实施（分工合作，沟通交流）

（1）小组工作：按工作计划实施超声波雷达的安装标定项目。

序号	行动步骤	实施人员	实际用时	计划工时
1				
2				
3				
4				
5				
6				
7				
8				

（2）独立工作：选用合适的工具对超声波雷达进行安装标定。在下表中记录常规检查的要点和结果。

步骤	检查关键点	测量方式	结果处理
1			
2			
3			
4			
5			
6			
7			
8			

5. 控制（查漏补缺，质量检测）

（1）个人/小组工作：明确检测要素及整改措施。

序号	检测要素	技术标准	是否完成	整改措施

（2）小组工作：检查各小组的工作过程实施情况。

检查项目	检查结果			需完善点	其他
	个人检查	小组检查	教师检查		
工时执行					
5S 执行					
质量成果					
学习投入					
获取知识					
技能水平					
安全、环保					
设备使用					
突发事件					

6. 评价（总结过程，任务评估）

（1）小组工作：总结任务收获、问题和改进措施，并征求意见。

- 收获

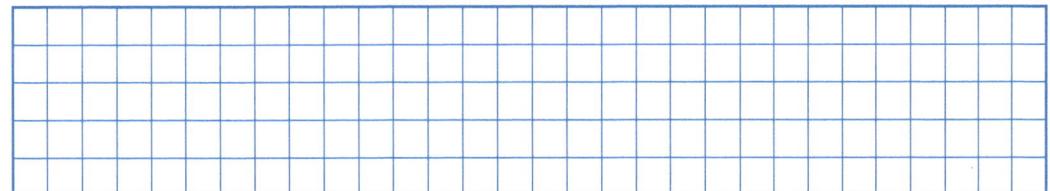

- 问题

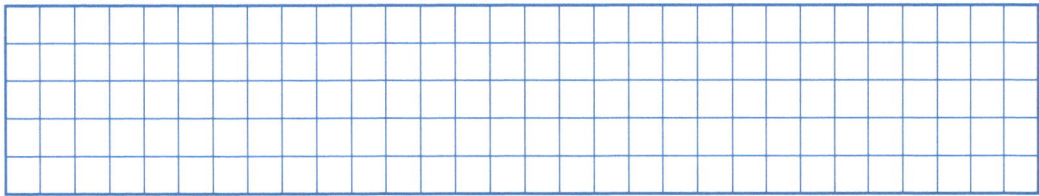

- 他人意见

- 改进措施

（2）请小组之间按照评分标准进行工作过程自评和互评。

班级		组名		日期		
指标	评价要素			分数	自评	互评
信息检索	能否有效利用网络资源、工作手册查找有效信息			5		
	能否有条理地去解释、表述、应用所学知识			10		
感知工作	能否熟悉自己的工作岗位，认同工作价值			5		
	成员在工作中，是否获得成就感			5		
参与状态	与老师同学之间是否相互尊重、理解、平等、有效沟通			15		
	能否独立思考、倾听、协作分享			10		
学习方法	工作计划、操作技能是否符合规范要求			10		
	是否获得了进一步发展的能力			5		
工作过程	是否遵守管理规程，上课出勤和任务完成情况			10		
思维状态	是否能发现问题、分析问题、解决问题并有所创新			15		
自评反馈	能严肃认真地对待自评，并能独立完成自测题			10		
总分				100		
简要评述						

（3）请教师按照评分标准对各小组进行任务工作过程总评。

班级			组名		姓名		出勤	
	指标		评价要素		分数	评价标准		师评
一	信息	口述或书面梳理任务要点	1. 仪态自然、吐字清晰		15	仪态不自然、表述含糊扣5分		
			2. 工作页表述准确，思路清晰、层次分明			表述不准确、不清晰扣5分		
二	计划	拟定标定参数说明表并制定安装标定步骤	1. 标定参数拟定准确无误		15	表述思路或层次不清扣5分		
			2. 制定合理安装标定步骤			参数及步骤不合理扣5分		

续表

指标		评价要素	分数	评价标准	师评
三 决策	绘制示意图并制订检测计划	1. 绘制示意简图准确无误 2. 设计合理安装标定计划表	20	一处计划不合理扣2分,扣完为止	
四 实施	检修准备	1. 工具、电路图、辅材准备	2	每漏一项扣1分	
	安装、标定操作	2. 正确选择元件、工具及辅材	3	选择错误扣1分,扣完为止	
		3. 正确实施计划无失误(依据零件评分表)	15	与计划不符合视情况扣1分	
	现场	4. 在工作过程中保持5S,设备、工具、电路图、工位现场恢复整理	10	每出现一项扣1分,扣完为止	
五 控制	检查工作质量	正确读取和评估安装标定数据并正确分析安装标定结果	10	自我检测工作步骤并分析原因,错1项扣1分	
六 评价	工作过程评价	1. 自评	5		
		2. 互评	5		
		合计	100		

复习提高

1. 简述超声波雷达的测距原理。

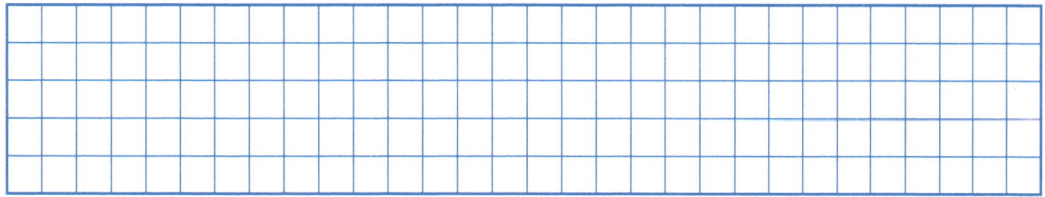

2. 简述超声波雷达的特点。

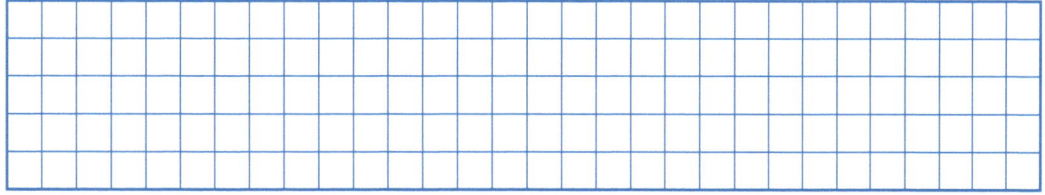

3. 简述超声波雷达的组成和应用领域。

4. 简述超声波雷达的主要参数。

学习模块 2
毫米波雷达的原理、安装与标定

基础知识　毫米波雷达组成及原理

学习目标

知识目标

1. 掌握毫米波雷达的基本工作原理。
2. 了解影响毫米波雷达性能的关键技术参数。
3. 熟悉毫米波雷达在自动驾驶等领域的应用。
4. 认识毫米波雷达系统的组成部分。

能力目标

1. 能够根据具体的应用需求,分析并选择合适的毫米波雷达安装标定技术方案。
2. 掌握毫米波雷达系统的调试方法,以及如何通过调整参数优化系统性能。
3. 能够运用所学知识进行有效的故障排除和技术支持。

素养目标

1. 培养学生对新技术的好奇心和探索精神,鼓励学生在毫米波雷达领域进行创新性思考。
2. 增强在多学科交叉项目中的合作意识,学会与不同背景的专业人士有效沟通。
3. 认识到毫米波雷达技术的发展对社会的影响,致力于推动安全可靠的技术应用。

知识导航

1. 毫米波雷达的特性

毫米波雷达通过发射和接收波长为 1~10 mm 的电磁波来精准测量车辆与车辆之间的距离、角度和相对速度,频率范围为 30~300 GHz,高于射频,低于可见光和红外线。毫米波雷达体积小、质量轻、空间分辨率高,能够全天候、全天时工作,能同时识别多个小目标,可以穿透雾、烟、灰尘,广泛应用于自动驾驶汽车车间距离探测。

ARS408毫米波雷达实物如图2-1所示。毫米波雷达安装时其正面(黑色塑料)的激光印字应是正的,连接器在侧面,其塑料面最突出部分的几何中心应为雷达坐标系的原点。

图2-1　ARS408毫米波雷达

1)毫米波雷达优点

(1)探测距离远。毫米波雷达探测距离远,最远可达250 m。

(2)探测性能优异。汽车在行驶中的前方目标一般都是金属构成,这会形成很强的电磁反射,毫米波波长较短,其探测不受颜色与温度的影响。

(3)响应速度快。毫米波的传播速度与光速一样,并且其调制简单,配合高速信号处理系统,可以快速地测量出目标的角度、距离、速度等信息。

(4)对环境适应性强。毫米波具有很强的穿透能力,在雨、雪、大雾等恶劣天气情况下依然可以正常工作,由于其天线属于微波天线,相比于光波天线,在大雨及轻微上霜的情况下依然可以正常工作。

(5)抗干扰能力强。毫米波雷达一般工作在高频段,而周围的噪声和干扰处于中低频区,基本上不会影响毫米波雷达的正常运行,因此,毫米波雷达具有抗低频干扰特性。

2)毫米波雷达缺点

(1)毫米波在空气中传播时会受到空气中的氧分子和水蒸气的影响,这些气体的谐振会对毫米波频率产生选择性吸收和散射,大气传播衰减严重,因此,在实际应用中应找到毫米波在大气中传播时由气体分子谐振吸收所致衰减为极小值的频率。

(2)毫米波雷达覆盖区域呈扇形,会有盲点区域,无法识别道路标线、交通标志和交通信号灯。

2. 毫米波雷达的工作原理

毫米波雷达通过天线向外发射毫米波,再接收目标反射信号,根据接收的时间差测得目标的位置数据和相对距离,经处理后快速准确地获取汽车车身周围的物理环境信息(如汽车与其他物体之间的相对距离、相对速度、角度、运动方向等),然后根据所获得的物理环境信息进行目标追踪和识别分类,进而结合车身动态信息进行数据融合,最终通过中央处理单元(ECU)进行智能处理。经合理决策后,以声、光及触觉等多种方式告知或警告驾驶员,或及时对汽车做出主动干预,从而保证驾驶过程的安全性和舒适性,减少事故发生。毫米波雷达应用于汽车中的工作原理如图2-2所示。

毫米波雷达根据测量原理的不同,一般分为脉冲方式和调频连续波方式两种。

1)毫米波雷达脉冲波方式测量原理

多普勒效应,是指当声音、光和无线电波等振动源与观测者以相对速度v运动时,观测者所收到的振动频率与振动源所发出的频率不同的现象。当目标向雷达天线靠近时,回波信号频率将高于发射信号频率;反之,当目标远离天线时,回波信号频率将低于发射频率。

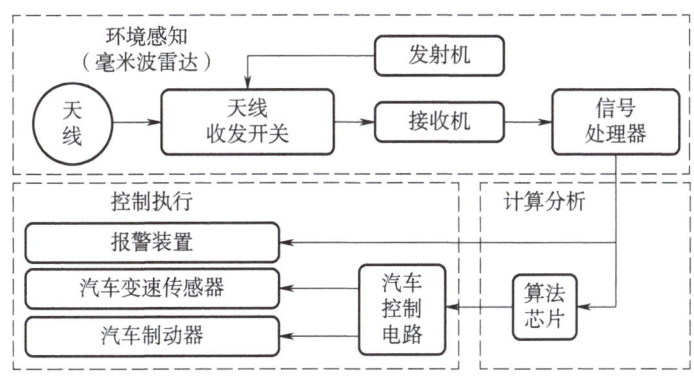

图 2-2 毫米波雷达系统应用于汽车中的工作原理

（1）多普勒效应测距原理，如图 2-3 所示。雷达调频器通过天线发射毫米波信号，发射信号遇到目标后，经目标的反射会产生回波信号，发射信号与回波信号相比形状相同，时间上存在差值，则有

$$s = \frac{c \Delta t}{2}$$

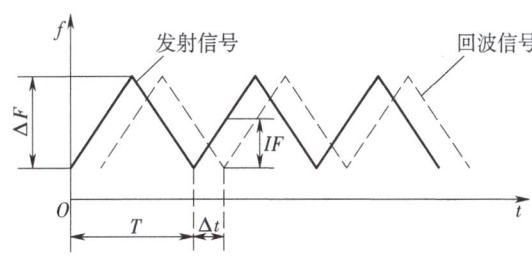

图 2-3 多普勒雷达测距原理

式中：s 为相对距离（m）；c 为光速（m/s）；Δt 为发射信号与回波信号的时间间隔（s）；ΔF 为调频带宽（Hz）。

（2）多普勒效应测速原理。多普勒频移原理：多普勒效应所造成的频率变化称为多普勒频移 f_d，它与相对速度 v 成正比，与振动的频率成反比，通过检测这个频率差 f_d，可以测得目标相对于雷达的移动速度。

当目标靠近毫米波雷达时，f_d 大于 0，表明回波信号频率要大于发射信号频率；当目标背离毫米波雷达运动时，f_d 小于 0，表明回波信号频率要小于发射信号频率。通过数字信号处理器，运用傅里叶变换可求得 f_d，从而可以求得毫米波雷达与目标之间的相对速度和相对距离。

（3）多普勒效应测角度原理。测量障碍物的角度是通过处理多个接收天线收到的信号时延来实现的。多普勒测角原理如图 2-4 所示，方位角 α 是根据毫米波雷达接收天线 RX_1 和接收天线 RX_2 之间的几何距离 d，以及两根毫米波雷达天线所收到反射回波的相位差 b，通过三角函数计算得到的值。

采用脉冲方式的毫米波雷达需在很短的时间（一般都是微秒的数量级）内发射大功

率的脉冲信号,通过脉冲信号控制雷达发射装置发射出高频信号,因此其硬件结构比较复杂。除此之外,在高速路上行驶的车辆,其回波信号难免会受到周围树木、建筑物的影响,使回波信号衰减,从而降低接收系统的灵敏度。

如果毫米波雷达收发信号采用的是同一根天线时,在对回波信号放大处理之前,应将发射信号与回波信号进行严格隔离,否则,发射信号窜入,会导致回波信号放大器饱和或者损坏。为了避免发射信号窜入回波信号,需进行隔离技术处理,一般有两种方

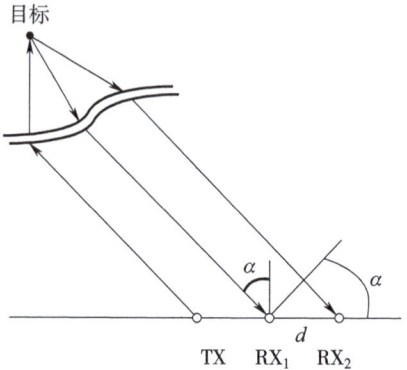

图 2-4　多普勒效应测量目标方位角

式避免发射信号的窜入:第一,采用环形器;第二,收发信号采用不同的天线。这样也导致产品成本提高、硬件结构复杂。因此,在车用领域,脉冲测量方式应用较少。

2)毫米波雷达调频连续波方式测量原理

目前,大多数车载毫米波雷达都采用调频连续波方式,其测量原理如图 2-5 所示。采用调频连续波方式的毫米波雷达结构简单,体积小,可以同时得到目标的相对距离和相对速度。它的基本原理是当发射的连续调频信号遇到前方目标时,会产生与发射信号有一定延时的回波,再通过雷达的混频器进行混频处理,而混频后的结果与目标的相对距离和相对速度有关。

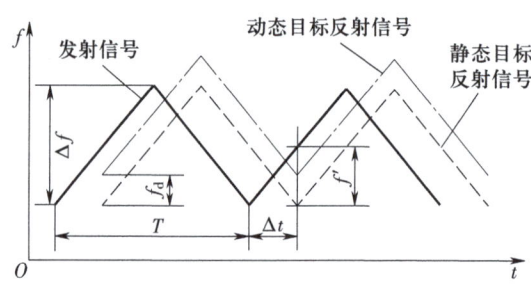

图 2-5　毫米波雷达调频连续波方式测量原理

毫米波雷达测距和测速的计算公式为

$$s=\frac{c\Delta t}{2}=\frac{cTf'}{4\Delta f}$$

$$u=\frac{cf_d}{2f_0}$$

式中:s 为相对距离(m);c 为光速(m/s);Δt 为四波延时(s);T 为信号发射周期;f 为发射信号与反射信号的频率差(Hz);Δf 为调频带宽(Hz);f_d 为多普勒频移(Hz);f_0 为发射信号的中心频率(Hz);u 为相对速度(m/s)。

如图 2-6 所示,L3 级自动驾驶样车车身周围布置了 2 个远程毫米波雷达和 4 个中程毫米波雷达,可实现车身 360° 环境感知范围覆盖。

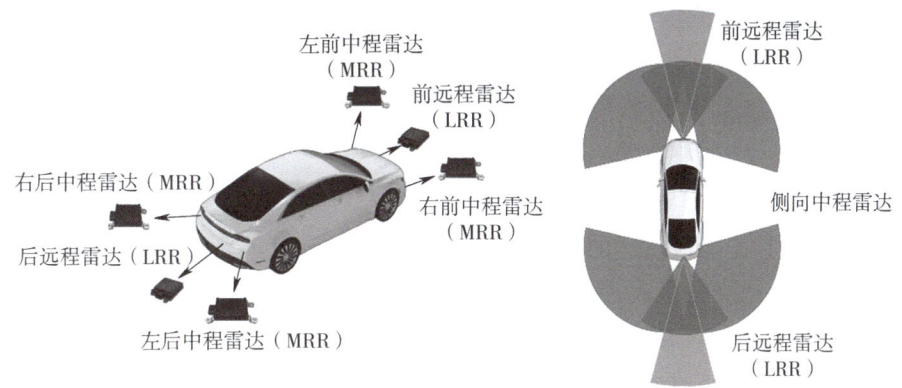

图 2-6 毫米波雷达应用

毫米波雷达通过 CAN 信号与自动驾驶控制器进行交互(图 2-7),将其感知结果输入至下一级规划控制模块。

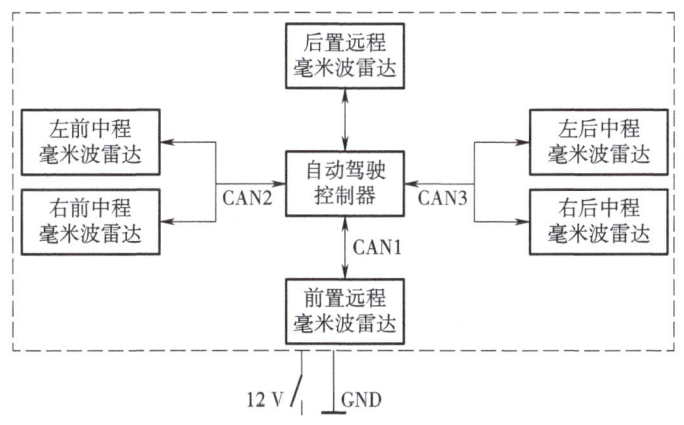

图 2-7 毫米波雷达网络架构示意

目前,车载毫米波雷达频段主要集中在 24 GHz、60 GHz 和 77 GHz 3 个频段。其中,24 GHz 的波长是 1.25 cm,60 GHz 是 5 mm,77 GHz 的波长则更短,只有 3.9 mm。频率越高波长越短,分辨率、精度就越高。因此,精度更高的 77 GHz 毫米波雷达正努力成为汽车领域主流传感器。24 GHz 很特别,严格来讲它不是毫米波,因为它的波长在 1 cm 左右。但是它是最早被利用的频段(目前业界也依然将其称之为毫米波)。现在各个国家把 24 GHz 划出来民用,77 GHz 用于汽车防撞雷达。

学习情境 毫米波雷达的安装标定

学习目标

知识目标
1. 能正确讲述毫米波雷达的标定步骤。
2. 掌握 CAN 报文的格式、数据域、标识符及数据解析。
3. 掌握计算机基本操作系统和网络相关知识。
4. 了解毫米波雷达数据通过 CAN 总线传输的原理。

能力目标
1. 能够熟练进行毫米波雷达的标定操作。
2. 能根据需求进行毫米波雷达参数设置。

素养目标
1. 树立效率意识、规范意识,培养人际沟通、团队合作的能力。
2. 培养爱岗敬业的职业道德和严谨务实的工作作风。
3. 培养自主学习的能力及制订工作计划、独立决策的能力。

知识导航

1. 毫米波雷达的安装

1)工具仪器准备

77 GHz 毫米波雷达、24 GHz 毫米波雷达、电脑主机、显示器、CAN 分析仪等。

2)安装位置与功能

毫米波雷达安装位置主要有车辆的前方、后方和侧方,具体如图 2-8 所示:①主要用于前向自动紧急制动系统(AEB);②③主要用于十字交叉路口碰撞预警;④⑤主要用于两侧纵向碰撞预警/盲区监测/会车过程监控;⑥主要用于后向 AEB;⑦⑧主要用于侧后向盲区监控/并线辅助。

3)安装要求

正向毫米波雷达一般布置在车辆中轴线,外露或隐藏在保险杠内部。雷达波束的中心平面要求与路面基本平行,考虑雷达系统误差、结构安装误差、车辆载荷变化,需保证其与路面夹角的最大偏差不超过 5°。

另外,在某些特殊情况下,正向毫米波雷达无法布

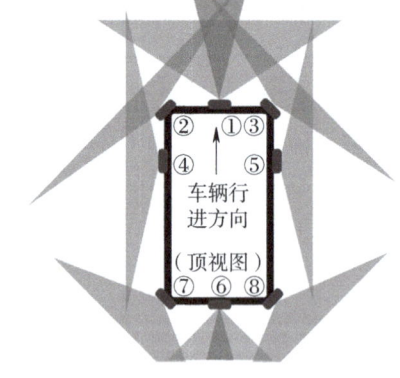

图 2-8 毫米波雷达安装位置

置在车辆中轴线上时,允许其正 Y 向最大偏置距离为 300 mm,偏置距离过大会影响雷达的有效探测范围。

侧向毫米波雷达在车辆四角呈左右对称布置,前侧向毫米波雷达与车辆行驶方向成 45° 夹角,后侧向毫米波雷达与车辆行驶方向成 30° 夹角,雷达波束的中心平面与路面基本平行,角度最大偏差仍需控制在 5° 以内。

毫米波雷达在 Z 方向探测角度一般只有 ±5°,雷达安装高度太高会导致下盲区增大,太低又会导致雷达波束射向地面,地面反射带来杂波干扰,影响雷达的判断。因此,毫米波雷达的安装高度(即地面到雷达模块中心点的距离),一般建议在 500 mm(满载状态)~800 mm(空载状态)之间,如图 2-9 所示。

毫米波雷达在安装时,车辆应保持水平,避免倾斜,使用角度尺等工具确保毫米波雷达的水平角、俯仰角、横摆角均应小于 0.5°,如图 2-10 所示。

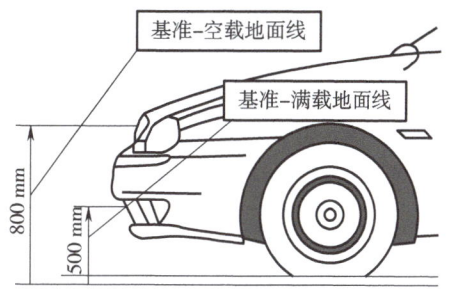

图 2-9 安装高度

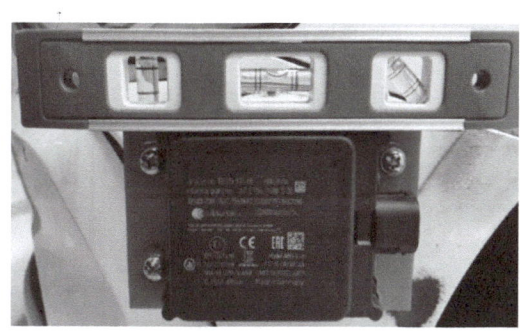 

图 2-10 安装角度调整

4)毫米波雷达安装原则(外置安装)

(1)安装时应尽量远离车身内的信号天线;

(2)安装时应远离大的用电设备频繁启动的位置;

(3)天线应面朝外(正方向),接插件口朝着驾驶员;

(4)毫米波雷达安装不支持热插拔,如果系统内部检测发现错误,可能会导致雷达功能不正常,甚至导致雷达重启;

(5)应确保不会造成固定位置的变形,锁紧力矩不得超过 7 N·m;

(6)禁止在雷达天线面打胶。

5)毫米波雷达安装原则(内置安装)

(1)第二发射面尺寸应大于雷达发射角度;

(2)保险杠材料必须是电解质传导系数很小的材料,可以减少对雷达波束的扭曲和衰减,不得有金属或金属材料涂层;

（3）选择曲面光滑的区域，避开拐角或厚度变化的区域；

（4）保险杠厚度是毫米波雷达波长一半的整数倍。

6）硬件连接

毫米波雷达有红、蓝、黄、绿四根连接线，红色和蓝色分别连接12 V电源正、负极，具备至少2 A的供电能力，黄色和绿色分别连接CAN分析仪的CANH、CANL端口。

CAN分析仪匹配电阻设置如图2-11所示。

将实验设备ARS408毫米波雷达的控制端连接在CAN分析仪上面，黄色的线连接CANH，绿色的线连接CANL，最后将CAN分析仪的USB接口接入电脑，如图2-12、图2-13所示。

图2-11 CAN分析仪匹配电阻设置

 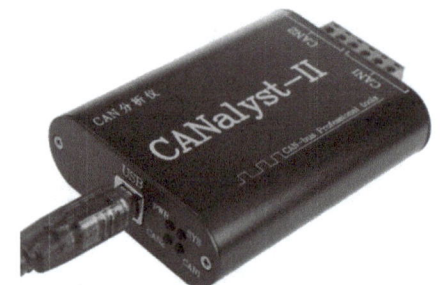

图2-12 连接CAN分析仪

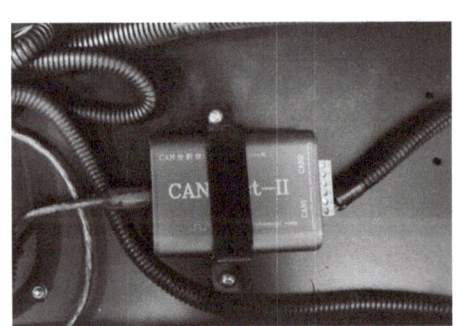

图2-13 CAN分析仪的安装

2. 毫米波雷达调试

1）毫米波雷达的组成

毫米波雷达一般由发射系统、接收系统、信息处理系统三大部分组成，部分毫米波雷达还包括扫描系统。

（1）发射系统：包括激励源、毫米波器（也叫毫米波二极管）、光速控制器（包括透镜、反射器件、衍生器件，具体表现为准直镜、分束器、扩散片）等；

（2）接收系统：包括光电探测器、接收模块（包括透镜、分束器、窄带滤光片）等硬件；

（3）信息处理系统：包括放大器、数模转换器以及软件算法等；

（4）扫描系统：由电机、扫描镜、MEMS 微型谐振镜、相控阵等组成（Flash 中不包含扫描系统）。

2）毫米波雷达参数

（1）最大探测距离：所能检测目标的最大距离。

（2）距离分辨率：在规定条件下，能区分前后邻近两个目标的最小距离间隔。

（3）距离测量精度：测量单目标时，目标距离的测量值与其真值之差。

（4）角度分辨率：在规定条件下，能区分左右邻近两个目标的最小角度间隔。

（5）角度测量精度：测量单目标时，目标角度的测量值与其真值之差。

（6）最大探测速度：能够探测目标的最大速度。

（7）速度分辨率：区分两个同一位置的目标速度的能力。

（8）速度测量精度：测量单目标时，目标速度的测量值与其真值之差。

3）点云数据格式

毫米波点云指由三维毫米波雷达扫描得到的空间点的数据集，每一个点云都包含了三维坐标和毫米波反射强度，其中强度信息与目标物表面材质粗糙度、毫米波入射角度、毫米波波长以及毫米波雷达的能量密度有关。

由于雷达封装的数据包仅为水平旋转角度和距离参量，为了呈现三维点云图的效果，将极坐标下的角度和距离信息转化为三维坐标。

$$u=\frac{cf_\mathrm{d}}{2f_0} \begin{cases} x=r\cos(\omega)\sin(\alpha+\delta) \\ y=r\cos(\omega)\cos(\alpha+\delta) \\ z=r\sin(\omega) \end{cases}$$

式中：r 为实测距离；ω 为毫米波的垂直角度；α 为毫米波的水平旋转角度；δ 为通道的水平偏移角度；x、y、z 分别为极坐标投影到 X、Y、Z 轴上的坐标，如图 2-14 所示。

当毫米波雷达扫描平面墙体时，呈现出类似双曲线分布轮廓图，这是因为毫米波雷达在圆形环境中扫描一周的路径为若干个向上或向下的圆锥面，其形成的点云图为圆形，当扫描的环境不为圆形时，其点云图为所有圆锥面与扫描环境的交线。因此，当毫米波雷达扫描平面墙体时，矩形面与圆锥面的交线为一系列的双曲线，如图 2-15 所示。

4）设备准备

77 GHz 的 ARS408 毫米波雷达、24 GHz 的 ARS408 毫米波雷达、电脑主机、显示器、CAN 分析仪等。

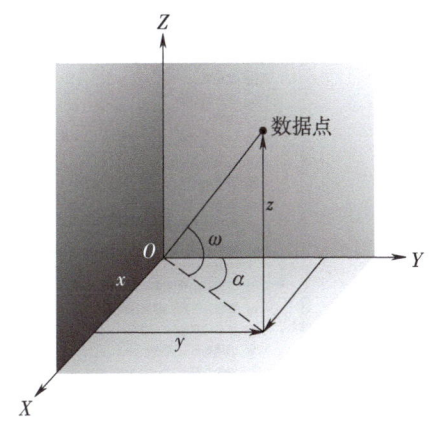

图 2-14　毫米波雷达极坐标和三维坐标映射

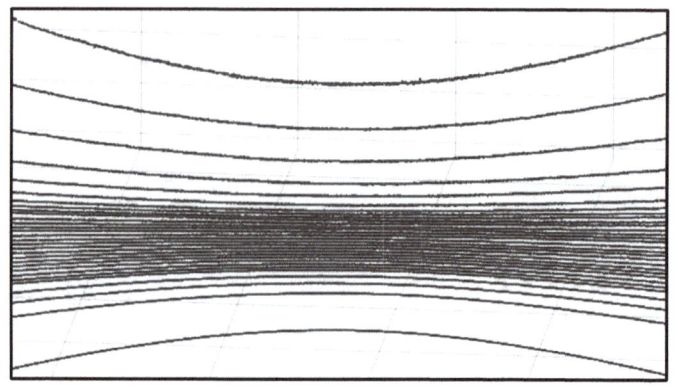

图 2-15　*XOZ* 平面上的双曲线轮廓

5）毫米波雷达配置

（1）安装 CAN 分析仪驱动：连接 CAN 分析仪，驱动程序及界面如图 2-16、图 2-17 所示。在计算机的设备管理器中会发现未识别的其他设备安装驱动程序，如图 2-18 所示。

（2）将实验设备 ARS408 毫米波雷达的控制端连接在 CAN 分析仪上面，黄色的线连接 CANH，绿色的线连接 CANL。

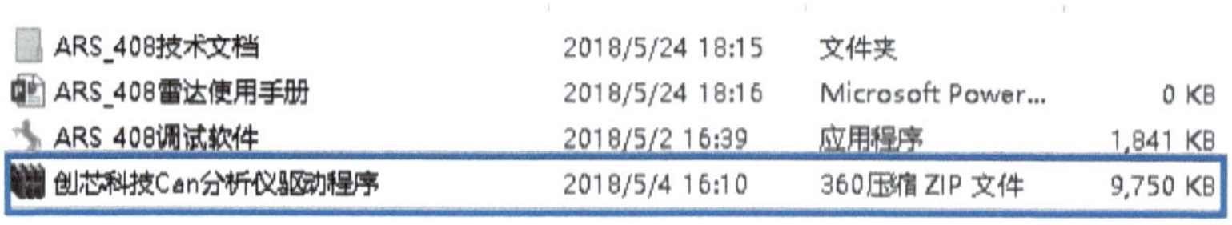

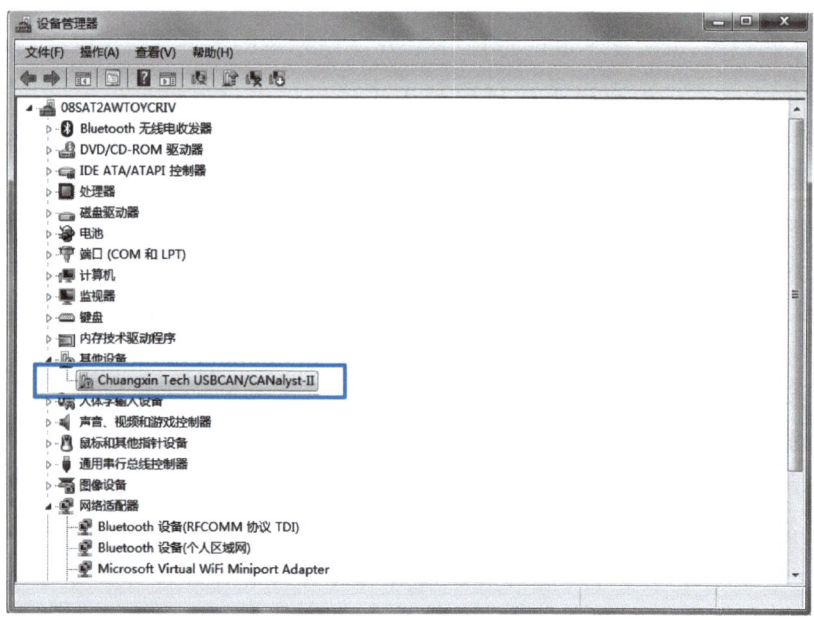

图 2-16　CAN 分析仪驱动程序

图 2-17　设备管理器界面

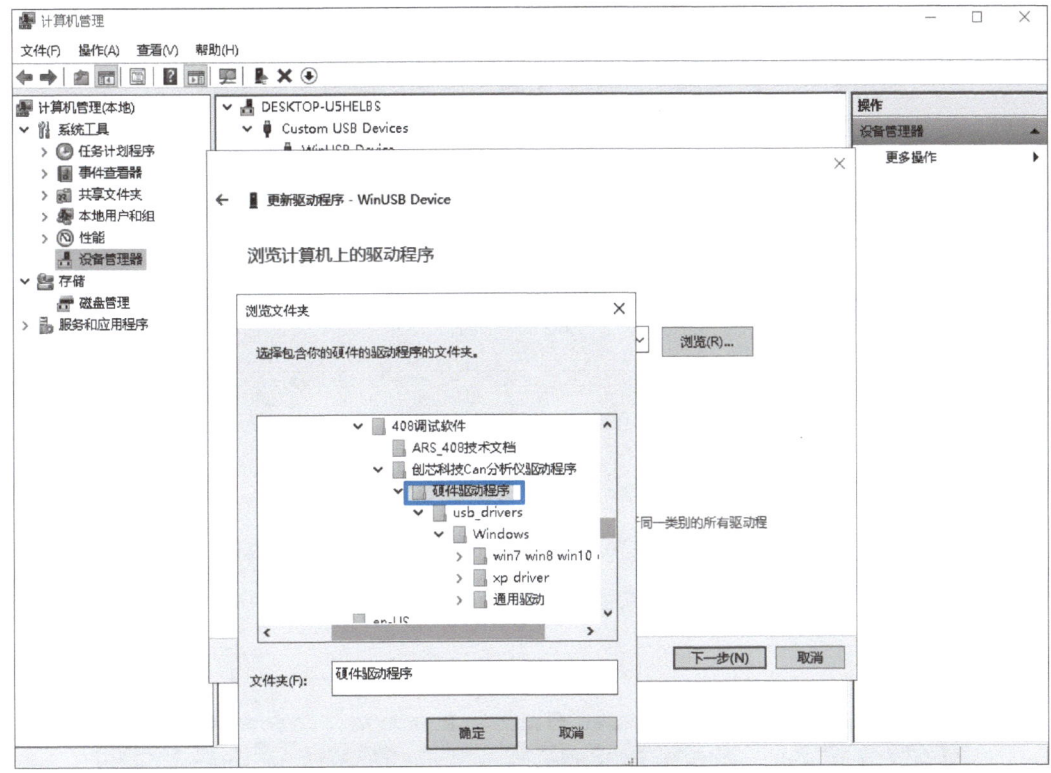

图 2-18 安装驱动程序

（3）将 CAN 分析仪的 USB 接口连接至电脑，如图 2-19 所示，进入"设备管理器"的操作栏后，找到"端口"，将其点开查看两个端口的名称，然后就可以开始使用探测软件探测物体的运动轨迹。

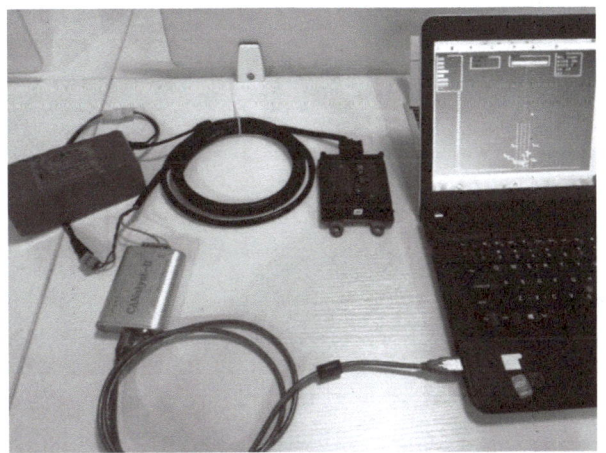

图 2-19 设备连接电脑

（4）桌面上的调试软件，如图 2-20 所示。
（5）双击调试软件，弹出 HURYS 雷达调试软件主界面，如图 2-21 所示。

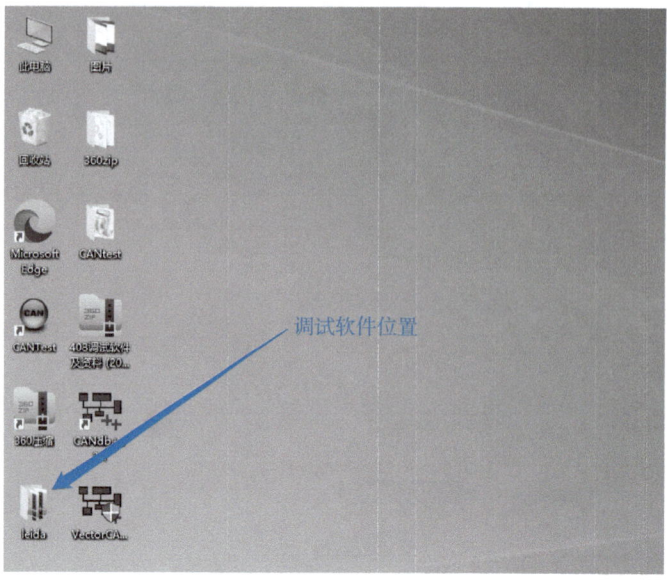

图 2-20 桌面调试软件

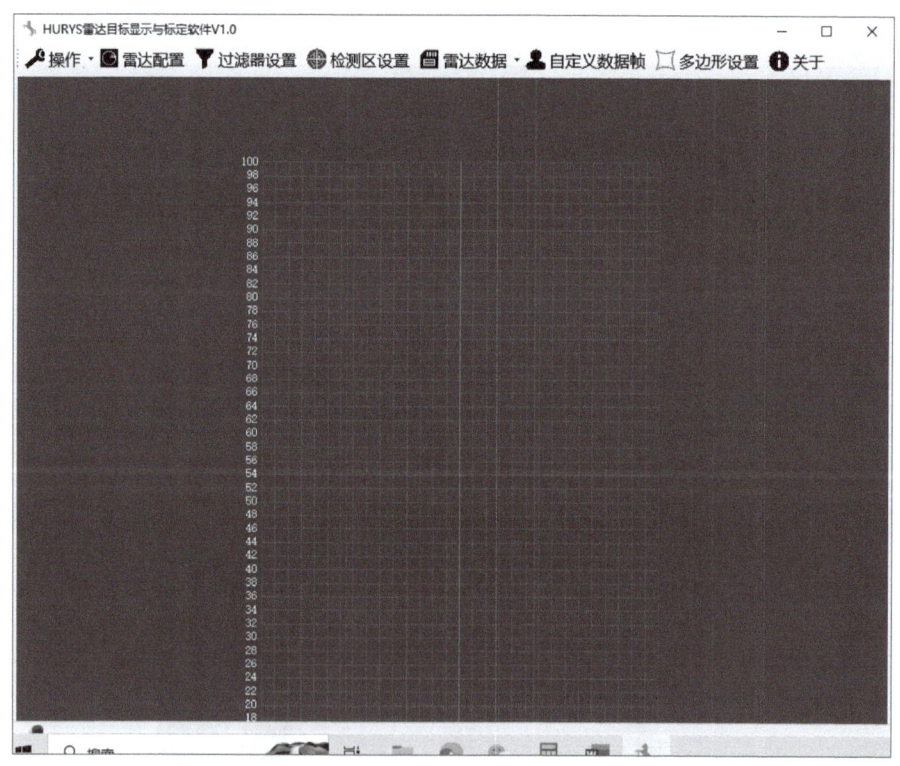

图 2-21 雷达调试软件主界面

（6）点击雷达调试软件主界面菜单栏左上角的"操作"，然后点击"启动"按钮，连接 CAN 分析仪，如图 2-22 所示。

（7）如图 2-23 所示，界面左下角变绿，则成功连接到 CAN 分析仪可以读取雷达数据。

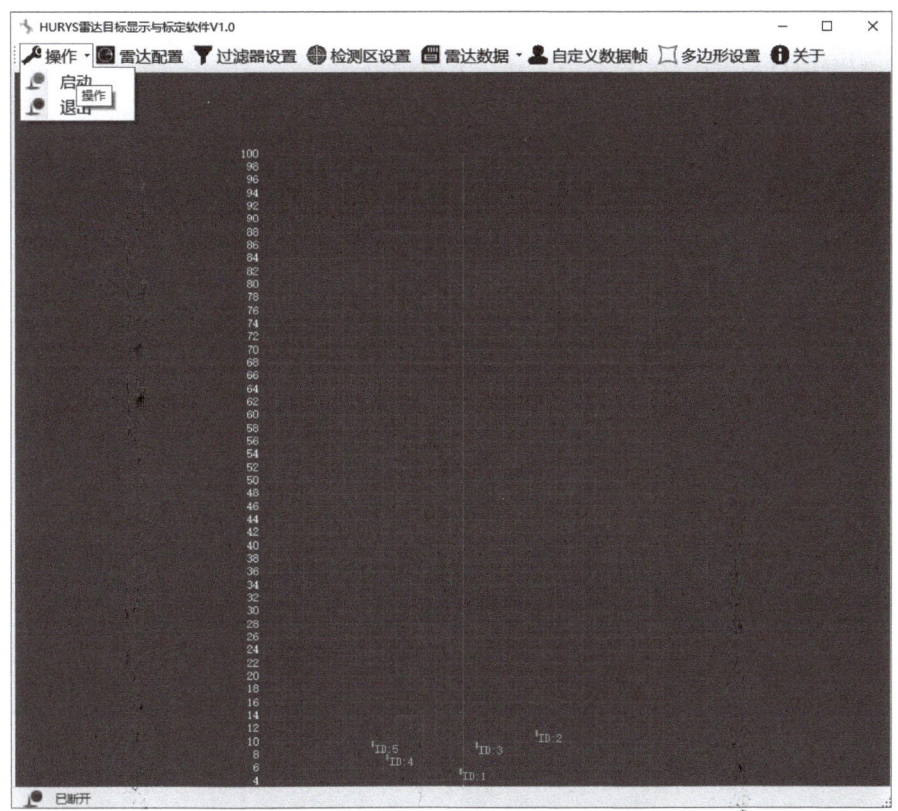

图 2-22 "启动"按钮连接 CAN 分析仪

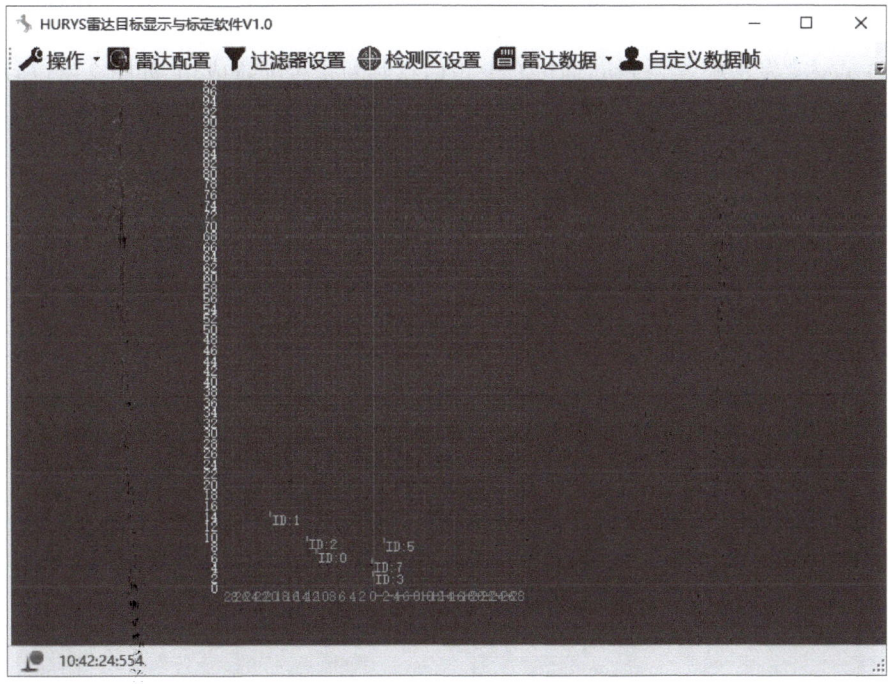

图 2-23 读取雷达数据

（8）雷达的基本配置项目，如图2-24所示。将配置选项色块划到右侧，才能进行配置，主要配置项目为雷达ID、检测模式和最大检测距离。

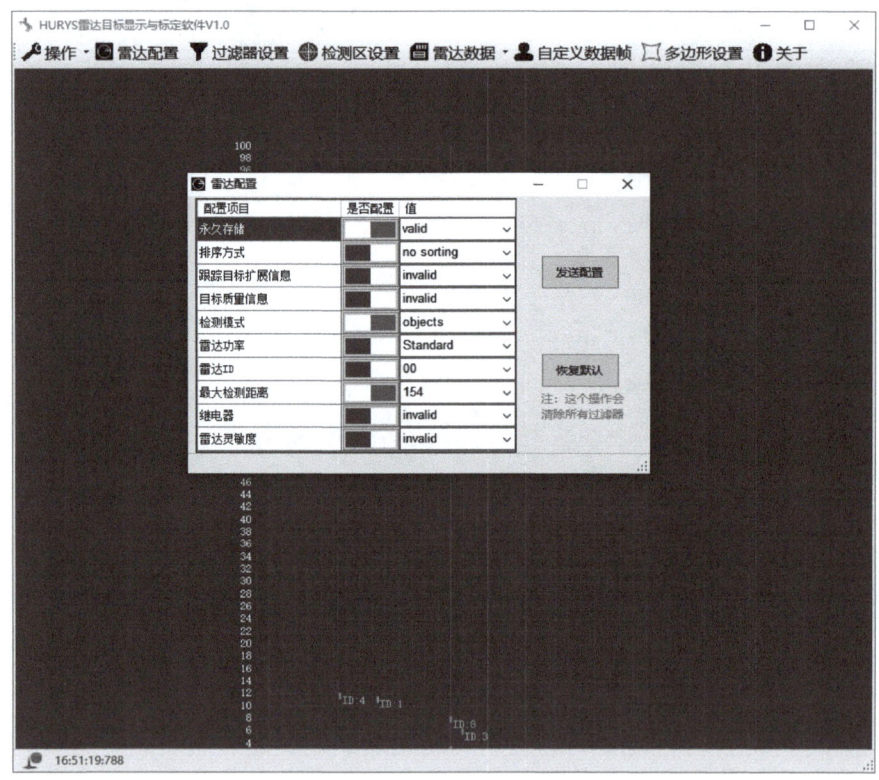

图2-24　雷达的基本配置项目

（9）点击"发送配置"按钮，通过右上角信息判断是否配置成功，如图2-25所示。

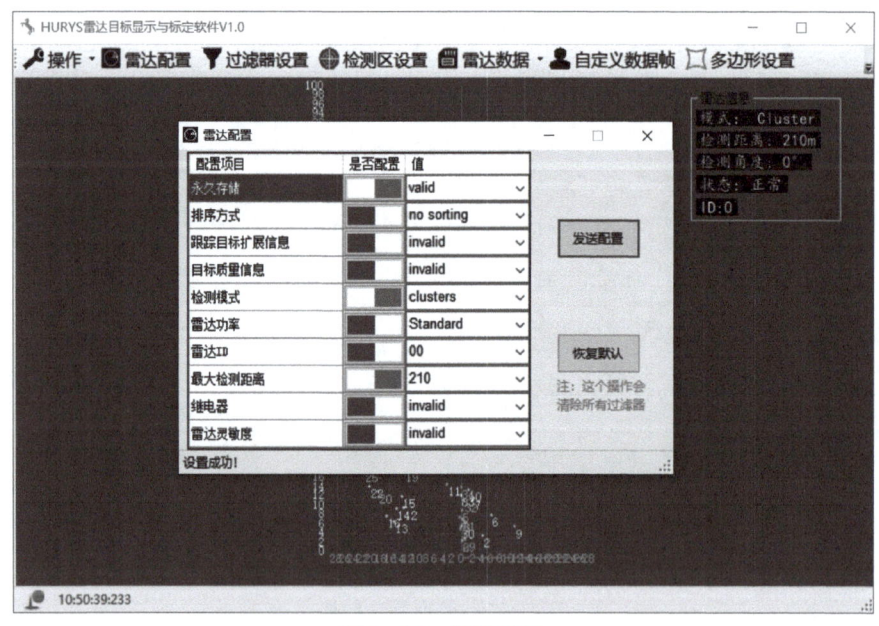

图2-25　发送配置

（10）毫米波雷达的过滤器设置如图 2-26 所示。将检测到的目标进行筛选后在软件上显示出来。在进行过滤器设置的时候，需要有一定的参数支撑，否则很容易过滤掉需要的信息。

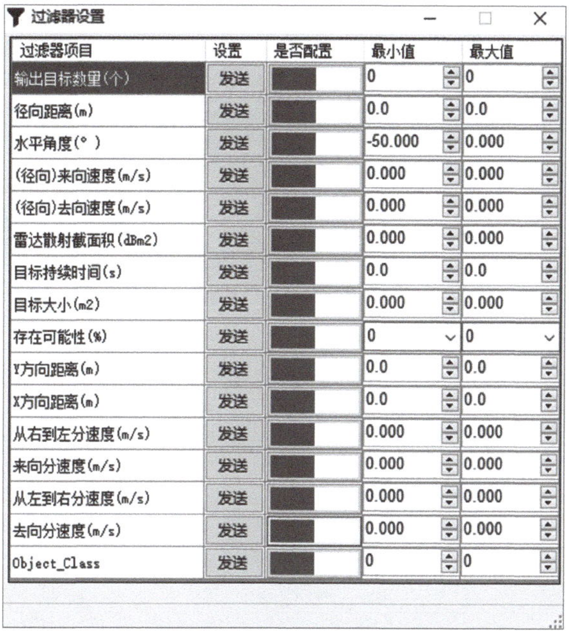

图 2-26　过滤器设置

（11）雷达的检测区设置就是碰撞探测区域设置，4 个点坐标组成一个四边形的检测区域，如图 2-27 所示，设置完成后在地图中的显示如图 2-28 所示。

当配置数据时，配置的数据不符合毫米波雷达允许的参数或软件误显示，发送配置也会显示设置成功，但实际配置的数据是没有配置成功的。

解决办法：通过右上角的雷达信息来判断是否配置成功。通过 CANtest 或相应的软件来读取毫米波雷达的报文信息来进行判断。

3. 毫米波雷达的报文解析

1）知识准备

（1）CAN 基本概念。CAN 是 Controller Area Network 的缩写，是国际标准化组织的串行通信协议。在北美和西欧，CAN 总线协议已经成为汽车计算机控制系统和嵌入式工业控制局域网的标准总线，并且拥有以 CAN 为底层协议专为大型货车和重工机械车辆设计的 SAE J1939 协议。

汽车工业蓬勃发展，汽车的电子控制单元逐渐增多。各电控单元之间的信号交换导致汽车线束的级数增加，复杂粗大的线束与汽车有限的布线空间之间矛盾越来越突出，繁多的线束导致电气系统可靠性下降，同时增加了其重量。

图 2-27 碰撞探测区域设置

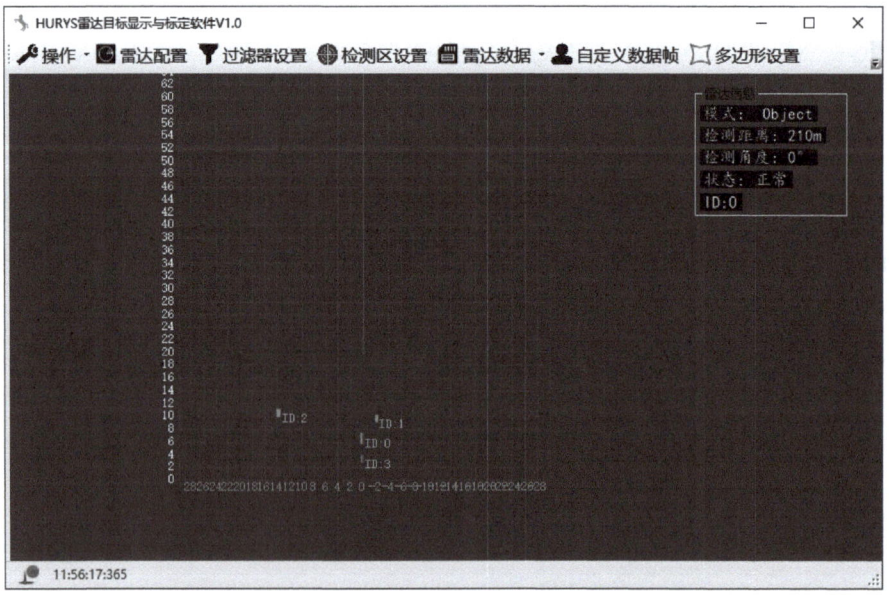

图 2-28 碰撞探测区域设置完成后在地图中的显示

CAN 总线将汽车内部各电控单元之间连接成一个局域网络,实现了信息的共享,大大减少了汽车的线束。

(2) CAN 协议及组成。CAN 是一种通信协议,广泛用于汽车和工业控制领域。它是一种串行通信协议,具有高度可靠性和抗干扰性,特别适用于在恶劣环境中进行实时通信。

CAN 协议的组成主要包括以下 8 个部分。

①帧(Frame):CAN 通信中的数据单元。帧分为多种类型,包括数据帧、远程帧和错误帧。数据帧用于传输数据,远程帧用于请求数据,错误帧用于指示错误发生。

②位(Bit):CAN 通信是基于位的,每个位可以是高电平(1)或低电平(0)。

③节点(Node):CAN 总线上的每个设备都被称为节点,它们可以是传感器、执行器、控制器等。每个节点都有一个唯一的标识符(CAN ID),用于区分不同的节点。

④控制器(Controller):CAN 总线上的每个节点都有一个 CAN 控制器,它负责将数据帧发送到总线上,并接收来自总线上的数据帧。

⑤总线(Bus):CAN 总线是节点之间通信的介质,它是一种双绞线或同轴电缆,用于传输数据帧。

⑥仲裁机制(Arbitration):CAN 协议使用仲裁机制来处理总线上可能发生的冲突。每个节点根据其 CAN ID 在总线上发送数据,如果多个节点同时发送数据,仲裁机制将确保只有一个节点能够成功发送数据。

⑦帧检测(Frame Check):CAN 协议具有强大的帧检测机制,用于检测和纠正数据帧中的错误,增加了通信的可靠性。

⑧位定时(Bit Timing):CAN 通信的时序是严格控制的,通过位定时来确保所有节点在总线上的数据传输都是同步的。

(3) ARS408 毫米波雷达数据通信协议介绍。ARS 系列传感器使用雷达辐射来探测其周围环境,处理反射信号并在多个信号处理步骤后,以 Cluster 和 Object 的形式展示出来。Cluster 反映了目标原始的位置、速度和信号强度等信息,每个测量周期都进行新的评估。而 Object 由 Clusters 聚类和跟踪后组成,反映了目标的历史轨迹和维度。因此,对接传感器的上位机可以在 Cluster 模式数据基础上用自己的聚类和跟踪等算法来处理雷达数据,也可以直接使用传感器处理好的 Object 数据。

CAN 消息清单见表 2-1(以雷达传感器 ID 为例,若修改了雷达传感器的 ID,其 CAN 消息 ID 随之变化)。

表 2-1 CAN 消息清单

输入/输出	ID	消息名称	内容
In	0x200	RadarCfg	雷达传感器配置
Out	0x201	RadarState	雷达状态
In	0x202	FilterCfg	Cluster 和 Object 滤波器配置

续表

输入/输出	ID	消息名称	内容
Out	0x203	FilterState_Header	滤波器状态头
Out	0x204	FilterState_Cfg	滤波器配置状态
In	0x205	PolygonFilter_Cfg	ARS408-21SC3版本雷达特有,为"多边形过滤"(Polygoin Filter)配置的消息ID和雷达回应的状态消息ID
Out	0x206	PolygonFilter_Stale	
In	0x400	CollDetCfg	碰撞探测配置
In	0x401	CollDetRegionCfg	碰撞探测区域配置
Out	0x408	CollDetState	碰撞检测状态
Out	0x402	CollDetRegionState	碰撞检测区域状态
In	0x300	SpeedInfomation	车辆速度(传感器平台)
In	0x301	YawRateInformation	车辆偏航率(传感器平台)
Out	0x600	Cluster_0_Status	Cluster状态(列表头)
Out	0x701	Cluster_1_General	Cluster一般信息
Out	0x702	Cluster_2_Quality	Cluster质量信息
Out	0x60A	Obj_0_Status	Object状态(列表头)
Out	0x60B	Obj_1_General	Object一般信息
Out	0x60C	Obj_2_Quality	Object质量信息
Out	0x60D	Obj_3_Extended	Object扩展信息
Out	0x60E	Obj_4_Warning	Object碰撞检测警报
Out	0x700	VersionID	固件版本ID
Out	0x8	CollDetRelayCtrl	继电器控制消息

① 传感状态输出与传感器状态配置。传感器总是周期性发送当前传感器状态RadarState(0x201)信息、传感器固件版本VersionID(0x700)消息,输出当前固件版本。

上位机软件通过RadarCfg(0x200)对雷达传感器状态进行配置后,可以通过读取和解析随后的传感器状态RadarState(0x201)信息来验证配置是否成功和生效。

② 传感器过滤器配置和状态查询。上位机软件通过FilterCfg(0x202)对雷达传感器过滤器进行配置后,雷达传感器会应答一条FilterState Header(0x203)消息来回复已配置的过滤器数量和一条FilterState-Cfg(0x204)消息来回复已经配置的过滤器状态信息。注意0x203和0x204只在配置过滤器后各回复一次,不会像0x201那样自动周期重复发出。

2)设备准备

77 GHz的ARS408毫米波雷达、24 GHz的ARS408毫米波雷达、电脑主机、显示器、

12 V 电源一个（至少有 2 A 的供电能力）、CAN 分析仪等。

3）操作步骤

（1）ARS408 毫米波雷达数据帧的生成和解析。要对雷达输出的 CAN 报文数据进行解析或要生成雷达配置 CAN 报文，主要是要先明确对应协议文档中相应信息的含义、长度（Len）、起始位（Start）、字节序 / 编码格式（Byte Order）、数据类型（Value Type）、分辨率（Res）、偏移量（Offset），然后代入以下转换公式进行计算。

$$十进制的实际物理值 = 数据的十进制值 \times Res + Offset$$

开发上位机程序时，需要测试一些解析结果是否在或数值区间（Min&Max，或 ValueRang）来检验算法是否正确。

注：经过转换公式转换后的参数的数据帧数值不同于实际物理数值，特别是负数实际物理值经过 Offset 偏移后数据数值都成了正数，如此数据帧数值都是非负数（0 或正数），所以数据帧二进制数值最高位不是符号位，因为不需要全部位都用来表示数值，这样同样字段位长度就能表示更大的数值区间、更多的数值，用户设备内程序定义参数变量类型和数值转换时要注意。

（2）根据协议和需要生成雷达配置数据帧。首先是通过 RadarCfg（0x200）将雷达中的"最大工作距离"配置为 200 m、输出模式配置为 objects，并配置输出质量信息和扩展信息，如图 2-29 所示。

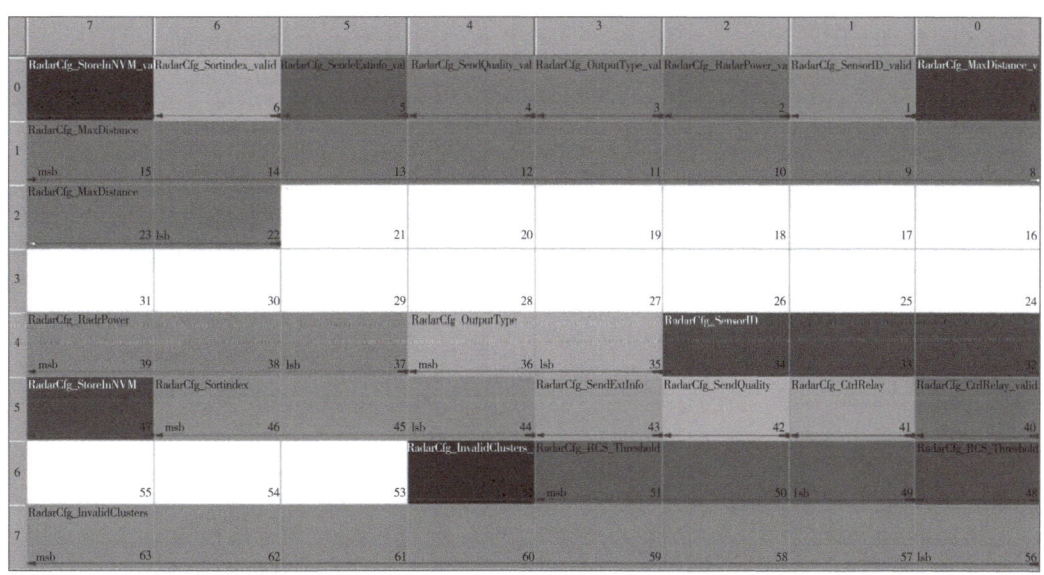

图 2-29 RadarCfg 消息布局（0x200）

RadarCfg（0x200）中的参数可以一次只更改一个，也可以一次更改多个。对于每个参数，数据帧中都包含一个与其对应的配置有效位 Valid（例如参数 RadarCfg SendQuality 对应 RadarCfg_SendQuality_valid），见表 2-2。如果配置有效位设置为有效（值为 0x1），则此次配置后相应的新参数将在雷达中更新和生效，否则本次配置将被忽略，但雷达还是会回复对应消息 ID（例如用 0x201 回复 0x200，用 0x203 和 0x204 回复 0x202）。

注意 RadarCfg StoreInNVM 置 1 时表示将此次有效的新配置将存储到雷达传感器中的非易失性存储器 NVM 中，否则本次新配置在雷达断电后将丢失。提供 0x202 消息配置的雷达过滤器参数总是默认自动存储到雷达传感器中的非易失性存储器 NVM 中而不用手动选择。

表 2-2　RadarCfg 消息内容（0x200）

信号（Signal）	起始位（Start）	长度（Length）	最小值（Min）	最大值（Max）	分辨率（Res）	单位（Unit）
RadarCfg_MaxDistance_valid	0	1	0	1	1	0x0: invalid 无效 0x1: valid 有效
RadarCfg_SensorID_valid	1	1	0	1	1	0x0: invalid 0x1: valid
RadarCfg_RadarPower_valid	2	1	0	1	1	0x0: invalid 0x1: valid
RadarCfg_OutputType_valid	3	1	0	1	1	0x0: invalid 0x1: valid
RadarCfg_SendQuality_valid	4	1	0	1	1	0x0: invalid 0x1: valid
RadarCfg_SendExtInfo_valid	5	1	0	1	1	0x0: invalid 0x1: valid
RadarCfg_StoredInNVM_valid	7	1	0	1	1	0x0: invalid 0x1: valid
RadarCfg_MaxDistance	22	10	0	2 046	2	米/m
RedarCfg_SensorID	32	3	0	7	1	雷达传感器 ID：0～7
RadarCfg_OutputType	35	2	0	3	1	0x0: none 不输出目标信息（0x700 依然输出） 0x1: 输出 Object 目标 0x2: 输出 Cluster 目标
RadarCfg_SendQuality	42	1	0	1	1	0x0: invactive 0x1: active
RadarCfg_SendExtInfo	43	1	0	7	1	0x0: invactive 0x1: active
RadarCfg_SortIndex	44	3	0	7	1	0x0: 无排序 0x1: 按距离排序 0x2: 按 RCS 排序
RadarCfg_StoreInNVM	47	1	0	1	1	0x0: invactive 0x1: active

（3）计算数据帧二进制数值。按照协议，先计算 200 m 工作距离对应的数据帧二进制数值，计算公式为

$$十进制的物理设定值 = 数据的十进制值 \times Res+Offset$$

（注：只有负值物理量才要偏移，因此当设定值无 Offset 时，公式中 Offset 取 0。或者一般性，Offset=Min。）

$$200 = 数据帧的十进制值 \times 2+0$$

可见数据帧的十进制值 =100。100 对应二进制数值：0110 0100 就是要求的。

（注：若计算结果带小数，就只取整数部分，此数值无单位）

（4）生成报文数据。将最大工作距离和其他需要的位都设置好，其余保留为 0，如图 2-30 所示。

1	0	1	1	1	0	0	1	B9
0	0	0	1	1	0	0	1	19
0	0	0	0	0	0	0	0	00
0	0	0	0	0	0	0	0	00
0	0	0	0	1	0	0	0	08
1	0	0	0	1	1	0	0	8C
0	0	0	0	0	0	0	0	00
0	0	0	0	0	0	0	0	00

图 2-30 字节对照

需要生成的 0x200 配置报文数据帧为 B9 19 00 00 08 8C 00 00，或舍去末尾全零字节后为 B9 19 00 00 08 8C，然后就可以按照协议组包发送了。

（5）通过 CANdb++ 创建 dbc 文件。

①新建两个文件，如图 2-31 所示。

②根据协议文件依次创建信号、报文和节点。

根据协议文件（表 2-3），依次创建信号、报文和节点，信号含义如图 2-32 所示。

步骤 1：信号创建，如图 2-33 所示。

步骤 2：新建报文，如图 2-34 所示，报文含义如图 2-35 所示。

步骤 3：建立报文与信号联系，如图 2-36 所示。

步骤 4：选中报文，如图 2-37 所示。

矩阵顺序如图 2-38 所示，报文里的字节顺序从右至左、从上至下依次增大。

步骤 5：放进去两条信号（蓝色和黄色），位置如图 2-39 所示。

步骤 6：按住鼠标左键左右滑动，可拖动改变相应的信号位置，如图 2-40 所示。

图 2-31 新建文件

表 2-3 协议文件

Message ID	Message Name	Message Length	Signal Name	Byte Order	Value Type	Signal Size（bit）
0x300	BCM_Msg	8				
			Bat temp	Intel	Signed	8
			swich	Intel	Unsigned	1
0x345	Motor_State	4				
			Temp	Intel	Unsigned	8
			speed	Intel	Unsigned	16
Start Bit（LSB Or MSM）	Factor	offset	Init Value	Minimun	Maximum	
0	0.5	0	0x0	0	0	
8	1	0	0x0	0	0	
0	0.5	−50	0x0	0	0	
8	0.1	0	0x0	0	0	

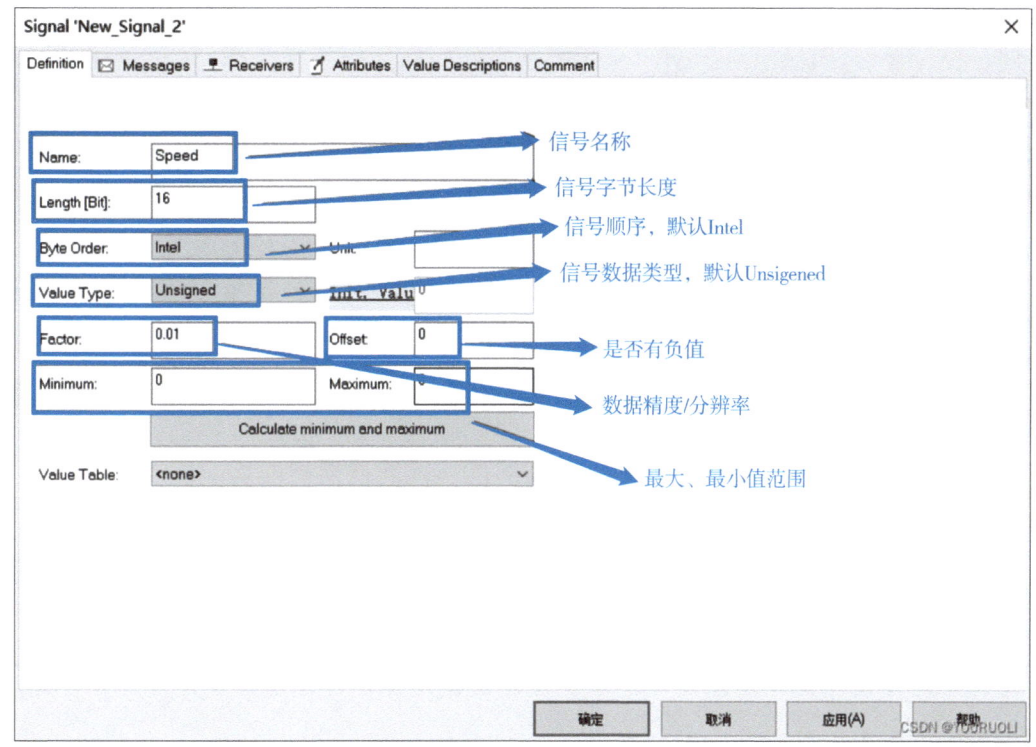

图 2-32 信号含义

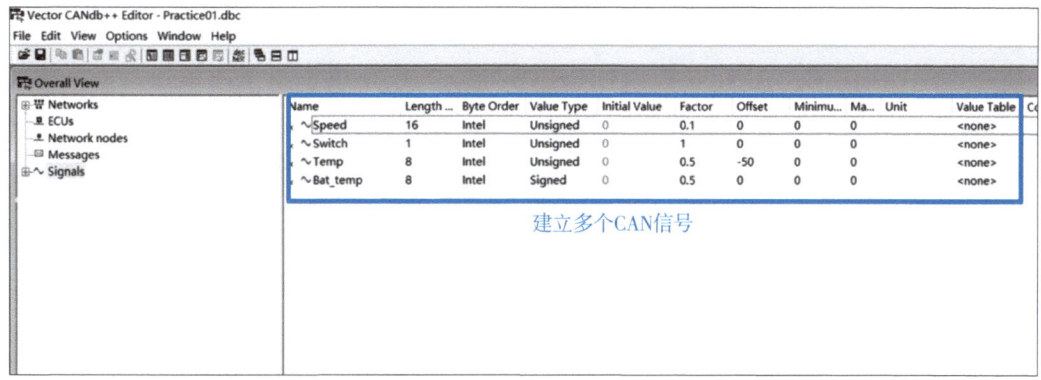

图 2-33 信号创建

图 2-34 新建报文

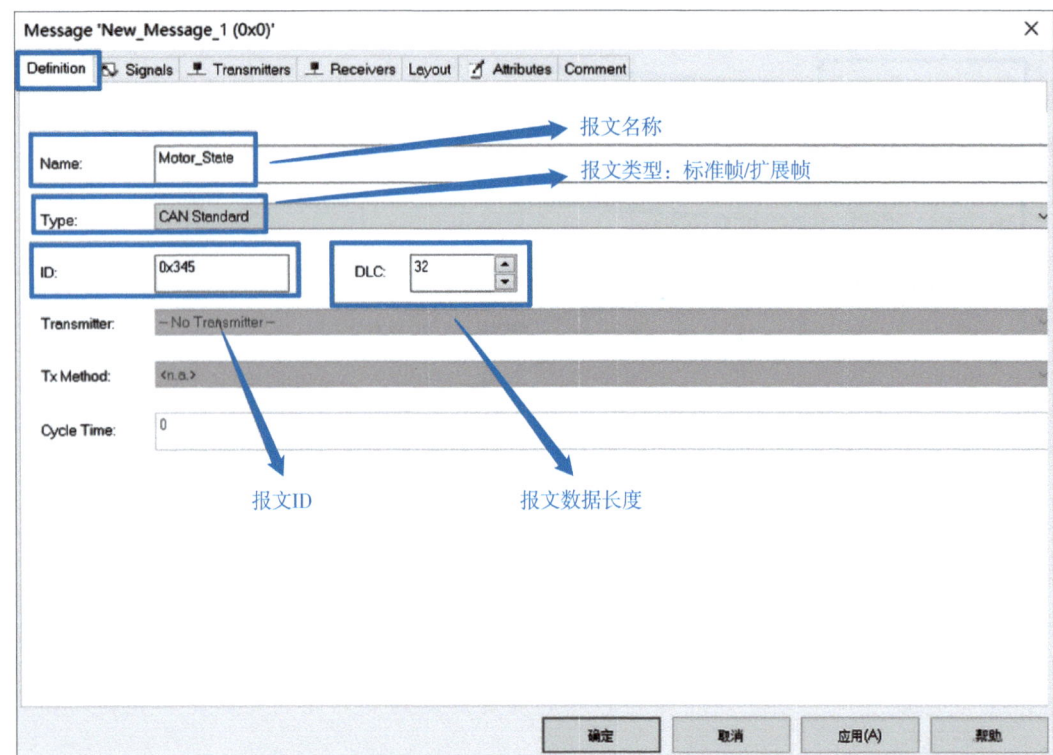

图 2-35 报文含义

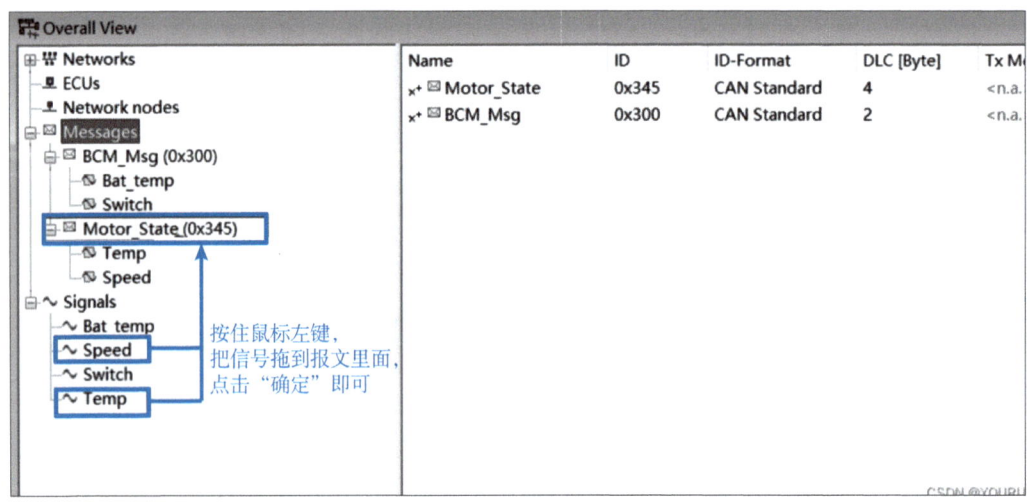

图 2-36 建立联系

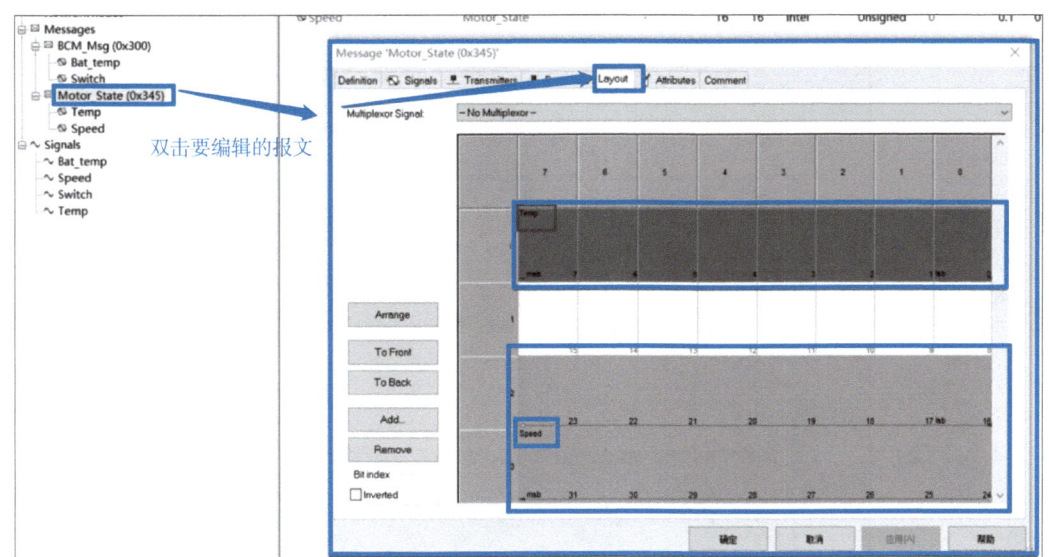

图 2-37 选中报文

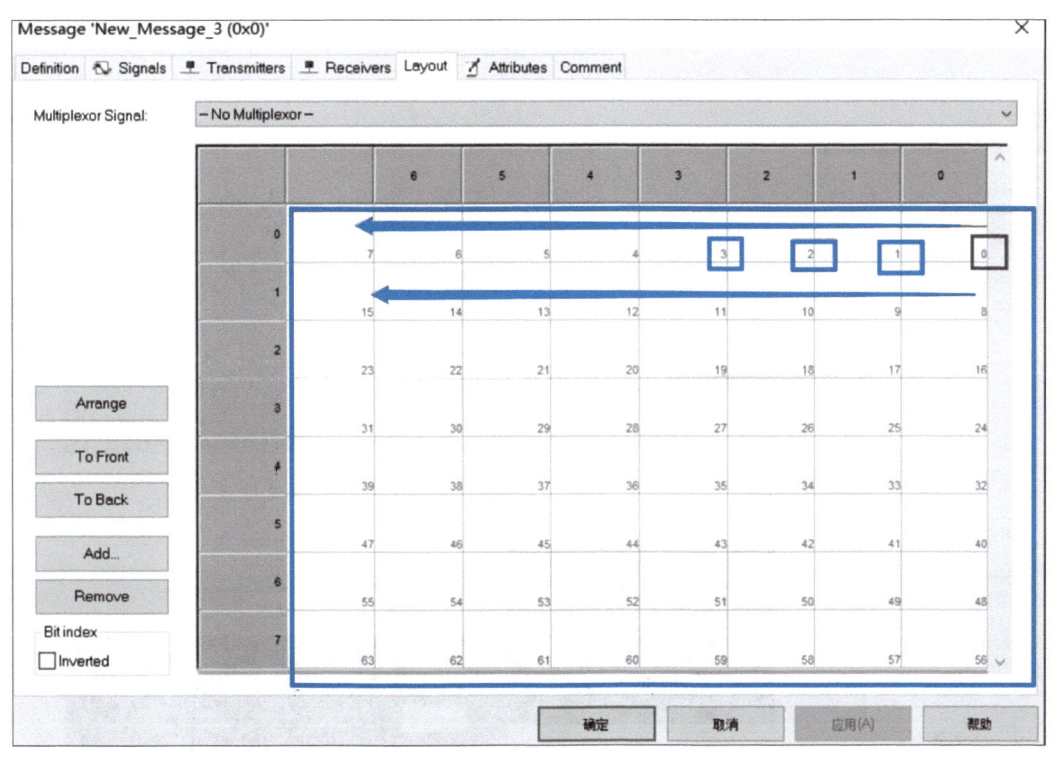

图 2-38 矩阵顺序

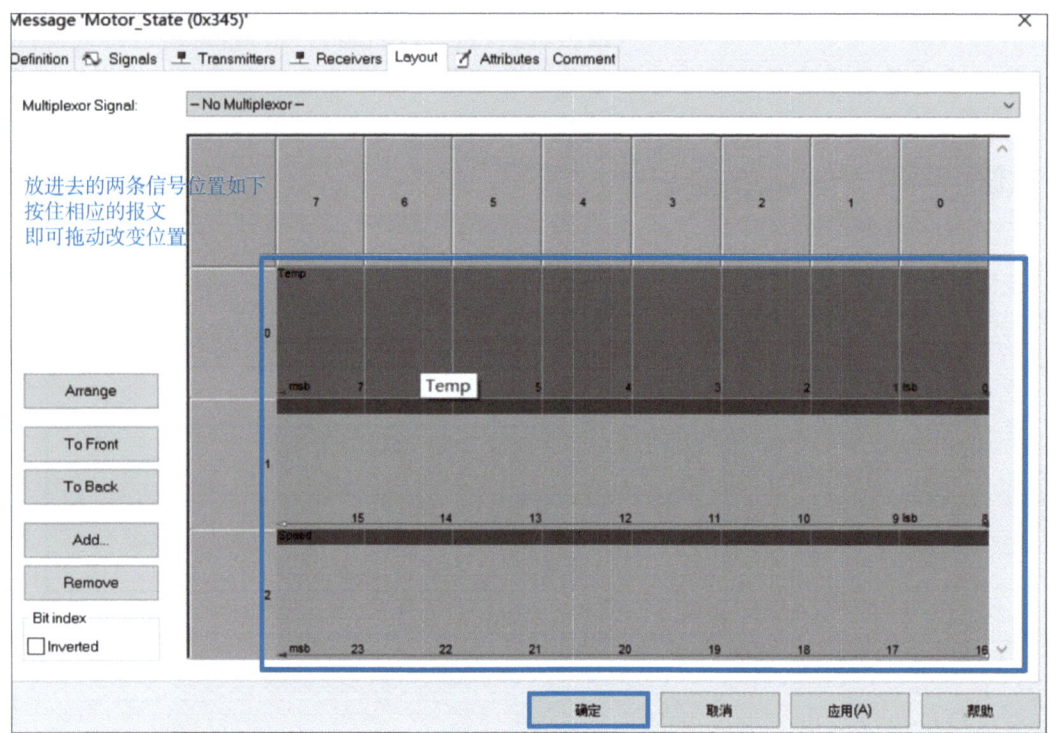

图 2-39 放进信号后的矩阵

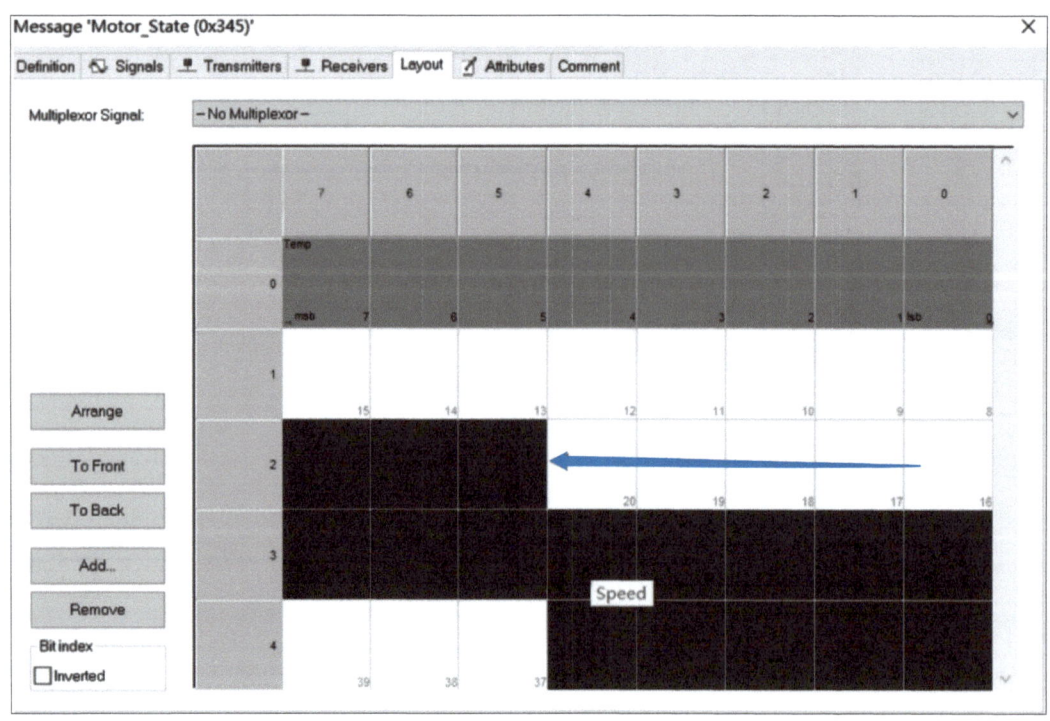

图 2-40 拖动改变信号所在位置

步骤7：雷达配置后的消息内容见表2-4（仅显示一部分）。

表2-4 雷达配置后的消息内容

信号（Signal）	起始位（Start）	长度（Length）	最小值（Min）	最大值（Max）	分辨率（Res）	单位（Unit）
RadarCfg_MaxDistance_valid	0	1	0	1	1	0x0：无效 0x1：有效
RadarCfg_SensorID_valid	1	1	0	1	1	0x0：无效 0x1：有效
RadarCfg_RadarPower_valid	2	1	0	1	1	0x0：无效 0x1：有效
RadarCfg_OutputType_valid	3	1	0	1	1	0x0：无效 0x1：有效
RadarCfg_SendQuality_valid	4	1	0	1	1	0x0：无效 0x1：有效
RadarCfg_SendExtInfo_valid	5	1	0	1	1	0x0：无效 0x1：有效
RadarCfg_SortIndex_valid	6	1	0	1	1	0x0：无效 0x1：有效
RadarCfg_StoreInNVM_valid	7	1	0	1	1	0x0：无效 0x1：有效
RadarCfg_MaxDistance	23	10	0	2 046	2	m

步骤8：根据起始位，确定信号在矩阵中的位置，如图2-41所示。

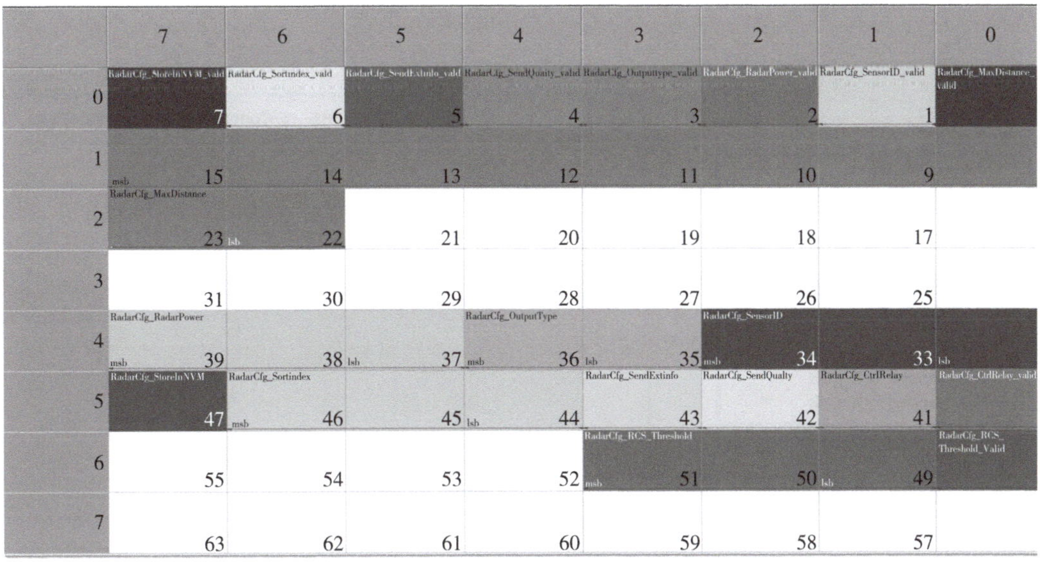

图2-41 确定信号在矩阵中的位置

步骤9：节点的建立及关联，如图2-42、图2-43所示。

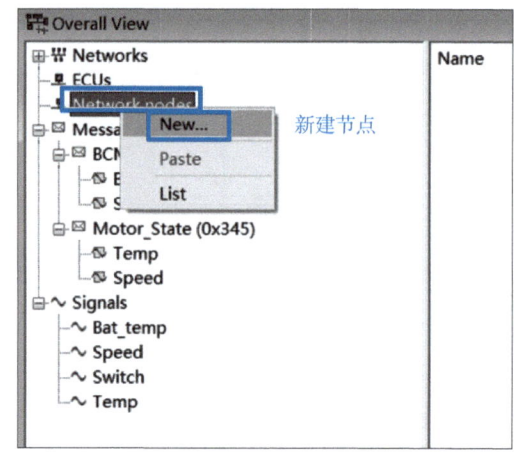

图2-42　新建节点

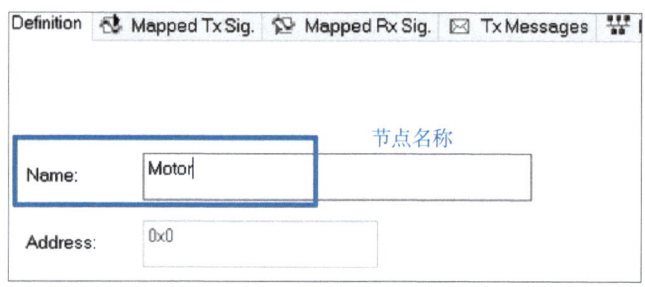

图2-43　节点关联

步骤10：建立多个节点，如图2-44所示。

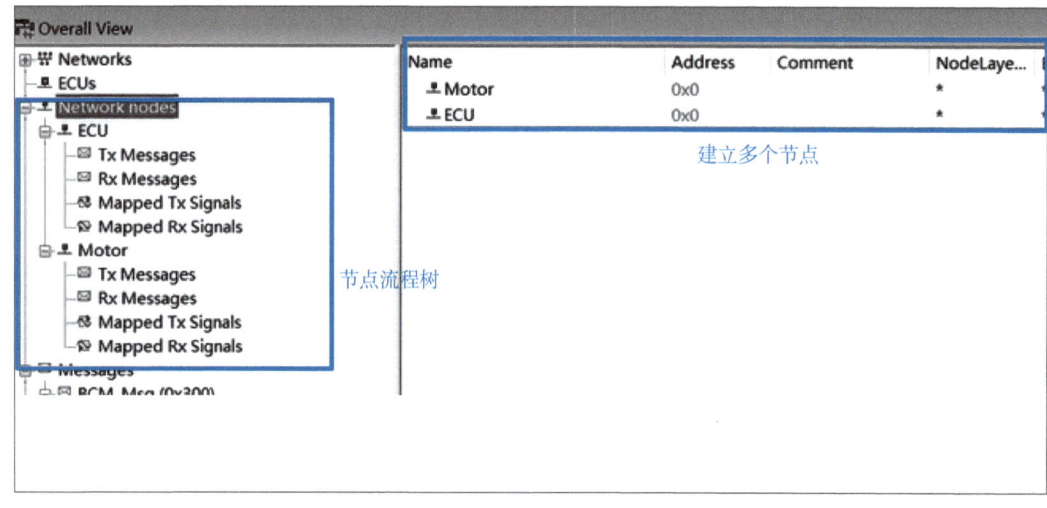

图2-44　建立多个节点

步骤11:建立节点与报文之间的联系与收发关系,报文信息与信号信息如图2-45所示。

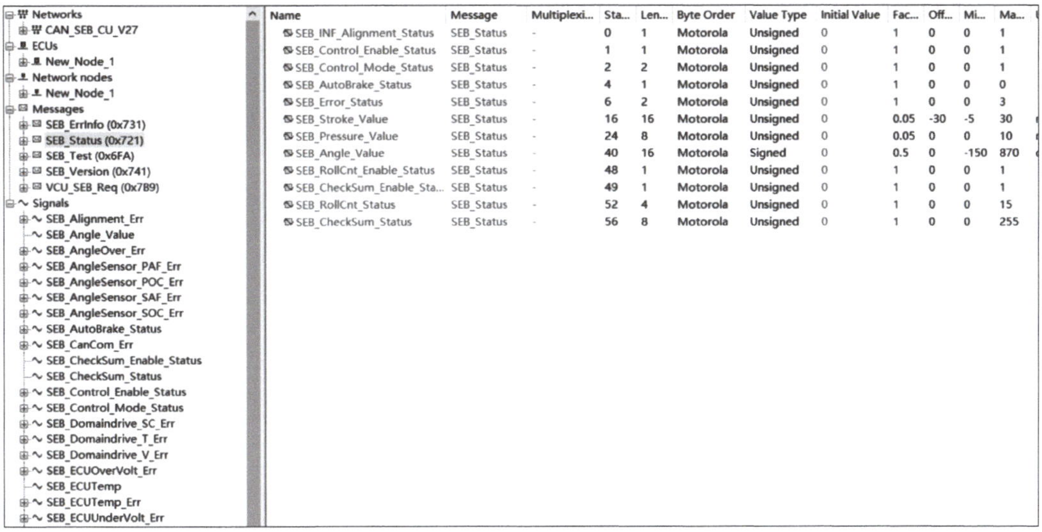

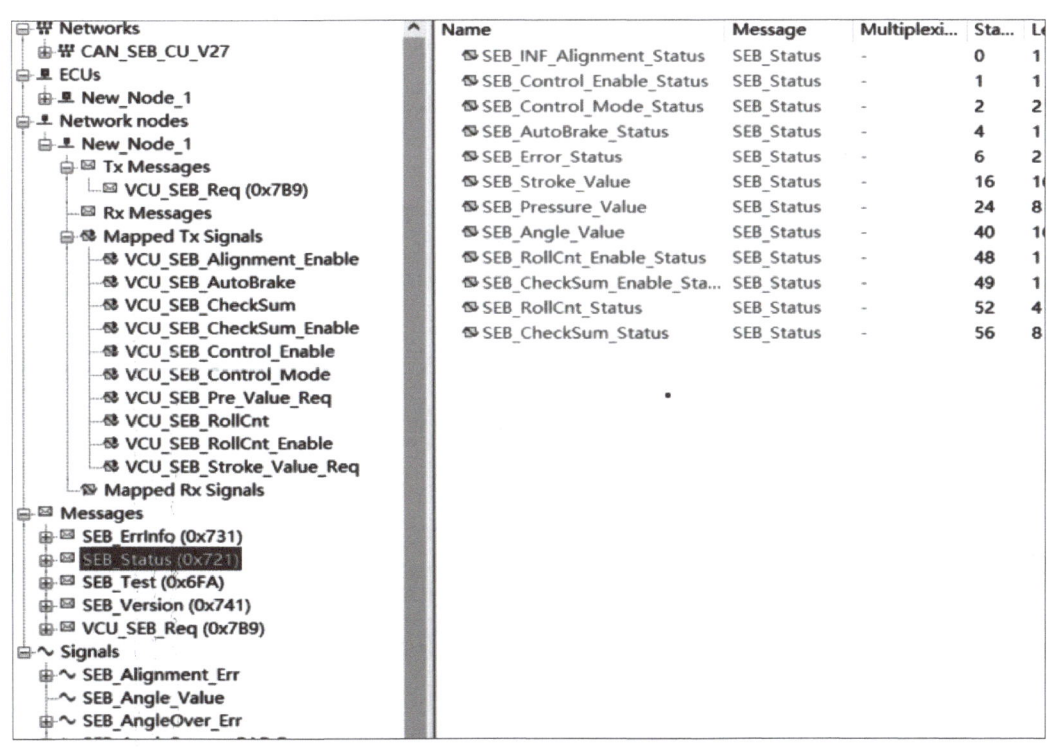

图 2-45 报文信息与信号信息

如图 2-46 所示,Tx Messages/Rx Messages 指报文信息,Mapped Tx Signals/Mapped Rx Signals 为信号信息。

图 2-46 建立发送信息联系

例如,需要使 Motor 节点发送 Motor_State 报文,只需要将 Motor_State 报文用左键拖动到 Motor 节点的报文发送(Tx Messages)下面即可,如图 2-47 所示。

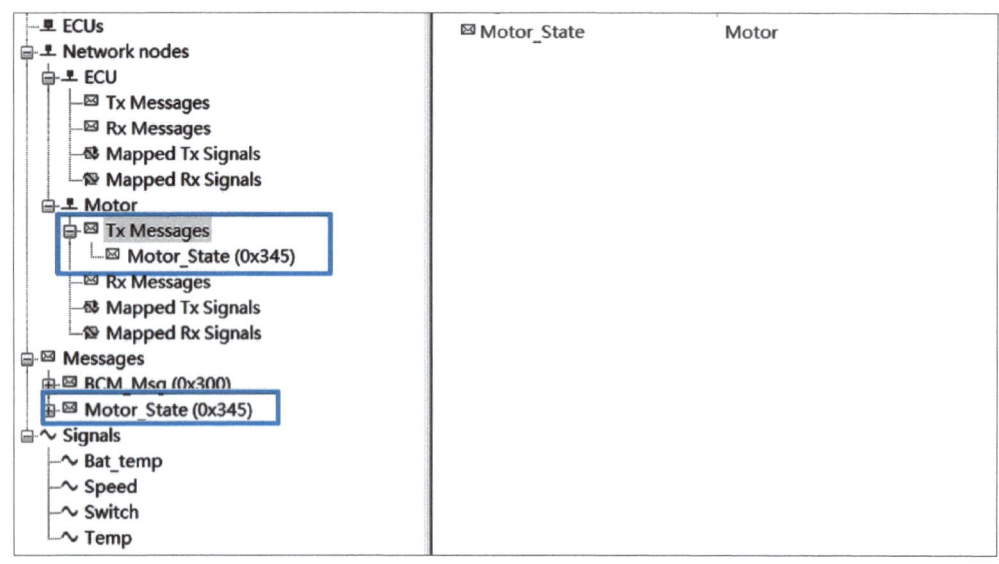

图 2-47　建立接收信息联系

将需要被接收的信号拖动到目标节点下的信号接收端（Mapped Rx Signals）即可。

因为 Motor 节点发送 Motor_State 报文，我们让 ECU 节点接收 Speed 信号，将 Speed 信号拖到 ECU 节点信号接收端（Mapped Rx Signals）即可。

因为 ECU 节点发送 BCM_MSg 报文，我们让 Motor 节点接收 Bat temp 信号，将 Bat temp 信号拖到 Motor 节点信号接收端（Mapped Rx Signals）即可。

（6）读取报文及导入协议。

步骤1：打开 CANTest，如图 2-48 所示。

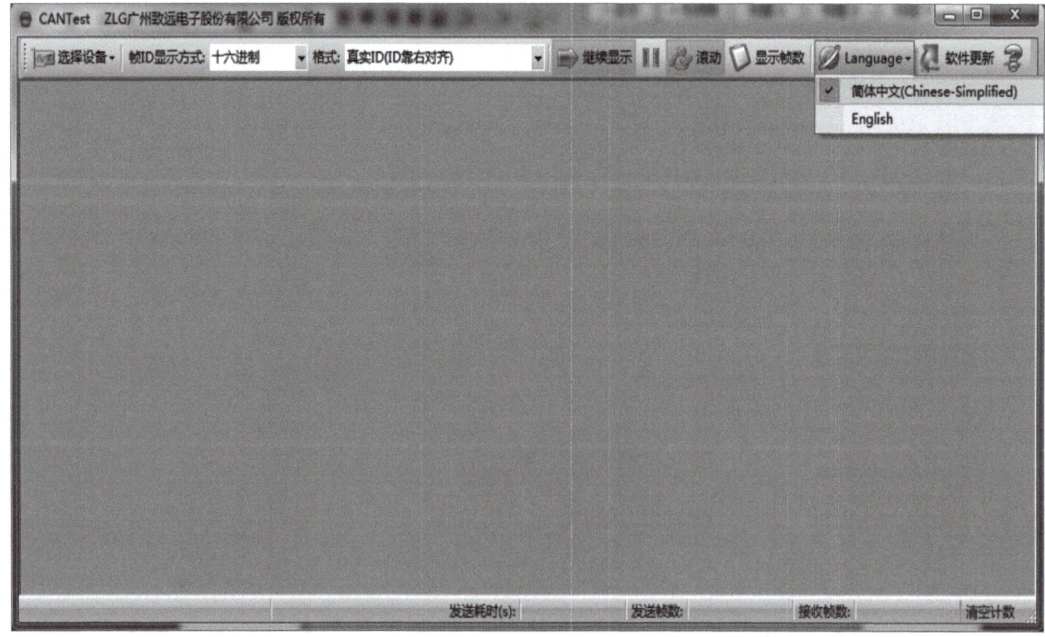

图 2-48　打开 CANTest

步骤 2：启动 CAN 通道，如图 2-49 所示。

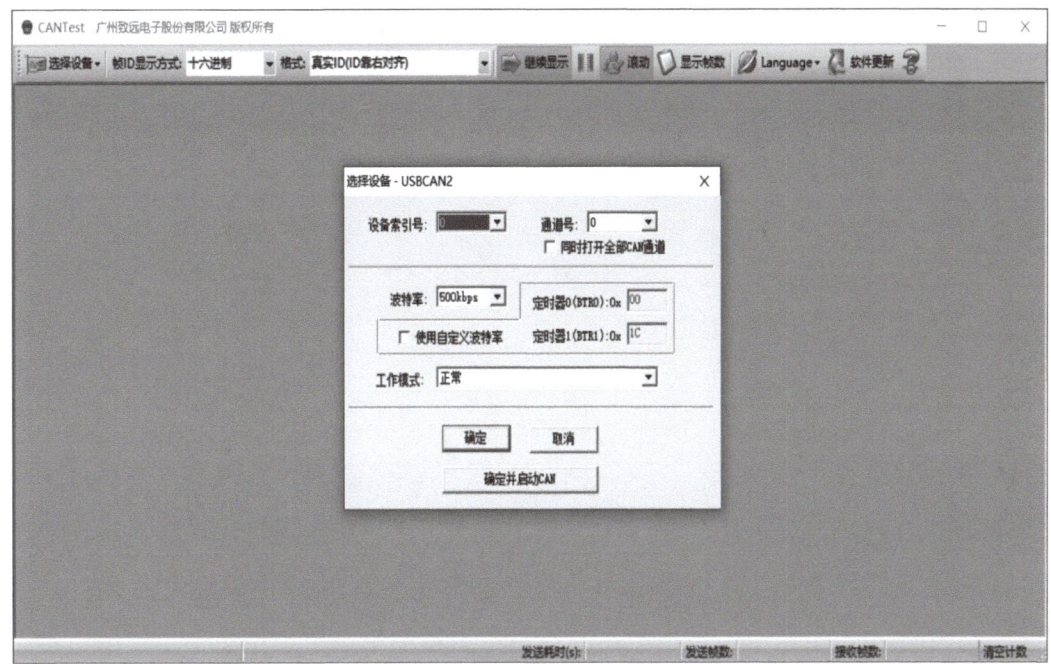

图 2-49　启动 CAN 通道

步骤 3：读取报文信息，如图 2-50 所示。

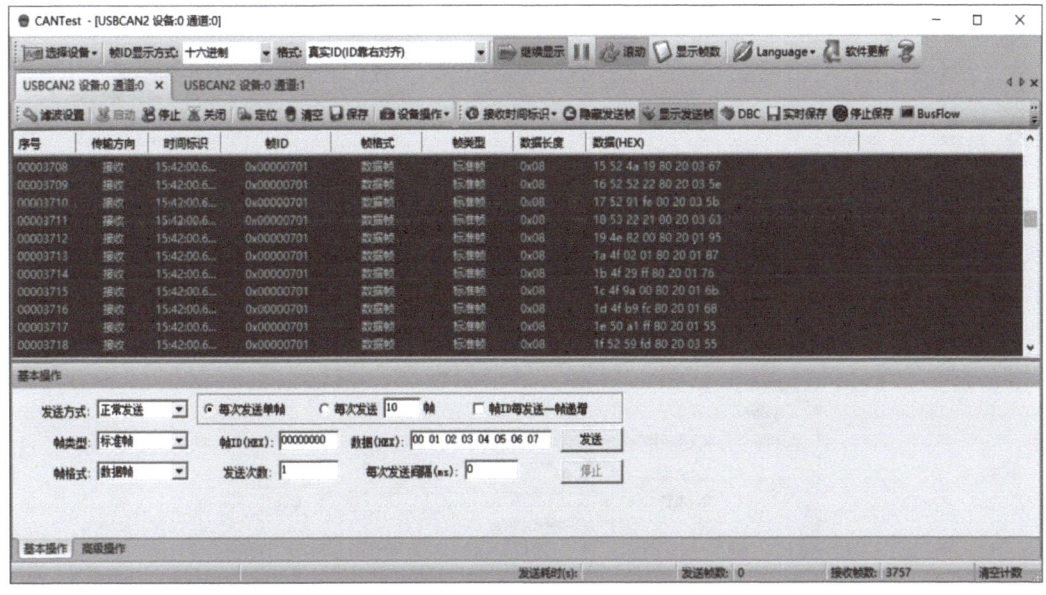

图 2-50　读取报文信息

步骤 4：打开 DBC 界面，如图 2-51 所示。

图 2-51 DBC 界面显示

步骤 5：选择提前写好的 DBC 协议，如图 2-52 所示。

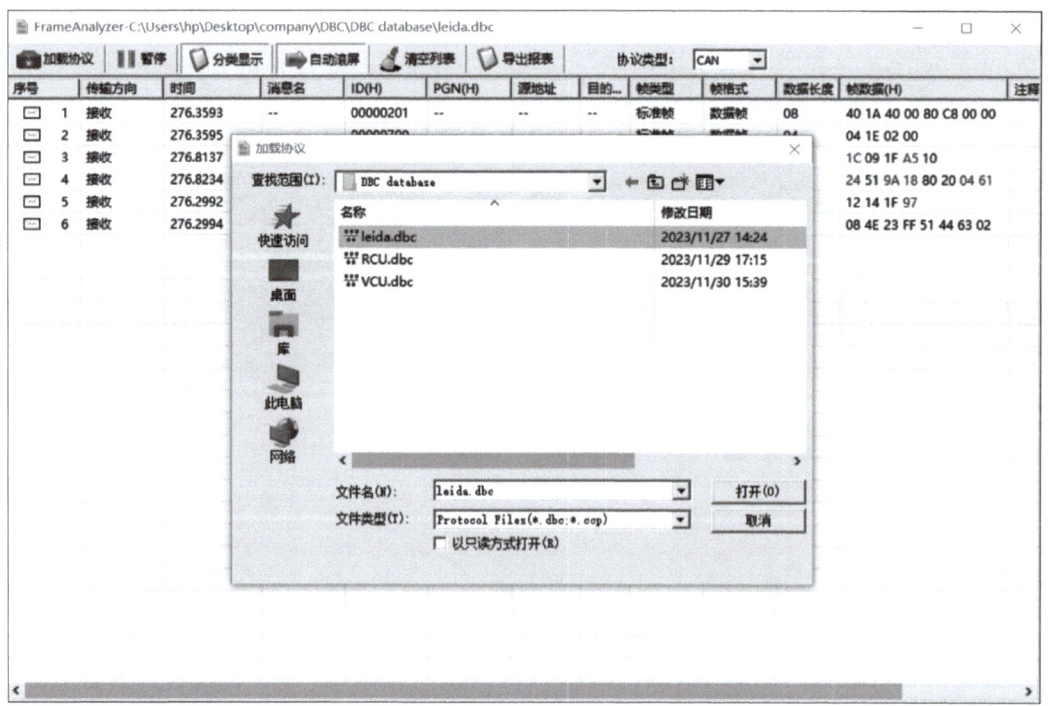

图 2-52 选择提前写好的 DBC 协议

步骤6：加载协议后的界面如图2-53所示。

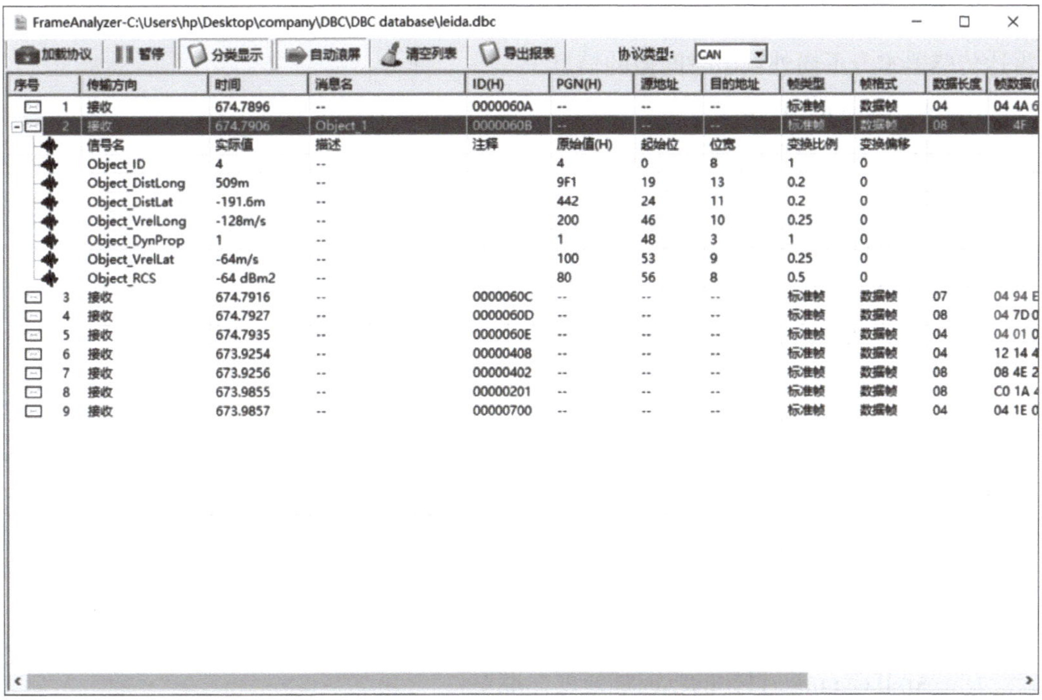

图2-53 加载协议后的界面

（7）软件中读取CAN报文信息。根据操作步骤启动上位机软件,在菜单栏里点击雷达数据,在雷达数据子窗口中,既可以显示雷达的实时CAN报文解析后数据,也可以将雷达的解析后数据保存为CSV格式（注：通过CANTest等任何第三方CAN分析软件都可以保存原始CAN报文）,如图2-54所示。

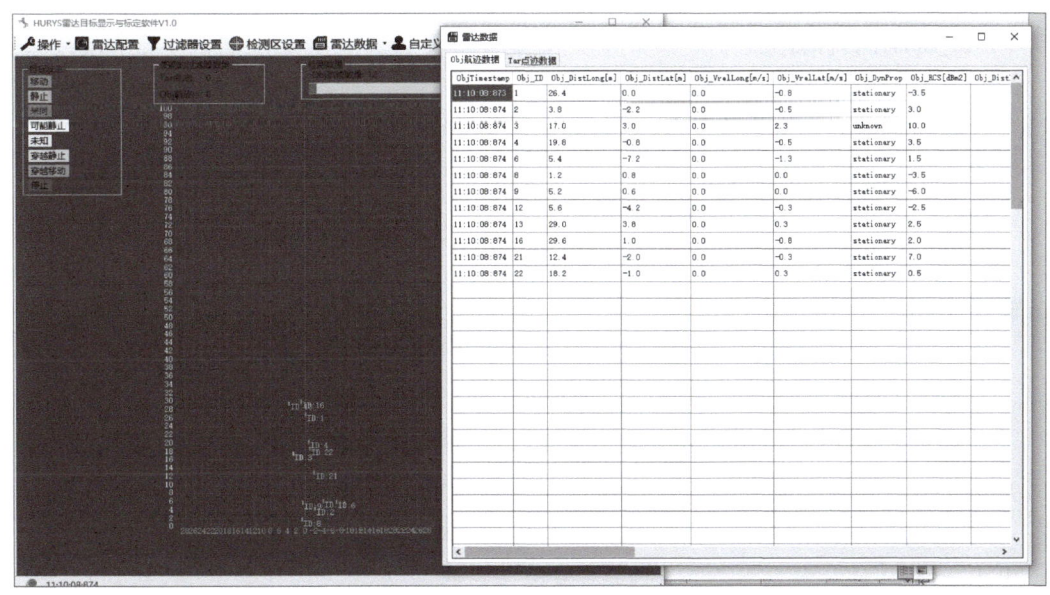

图2-54 雷达数据

学习模块2 毫米波雷达的原理、安装与标定

显示的目标数据如下。

Obj_Timestamp：指 CAN 分析仪为每条数据分配的时间戳，ARS408/ARS404/SRR308 雷达传感器本身不向外输出时间戳的信息。

Obj_ID：目标的 ID 编号。

Obi_DistLong：目标的纵向距离。

Obi_DisLat：目标的横向距离。

Obi_VrelLong：目标的纵向相对速度。

Obi_VrelLat：目标的横向相对速度。

Obi_DynProp：目标的运动状态（依此在坐标图呈现不同颜色；用户上位机程序亦可使用该属性）。

Obj_RCS：目标的反射能量值。

Obi_DistLong rms：目标的纵向距离标准差（表示目标的向距离值的散度,呈正态分布,数值越小表明同周期对应参数数值置信度越高；其他参数标准差类似）。

Obi_DistLat rms：目标的横向距离的标准差。

Obj_VerLong rms：目标的纵向速度标准差。

Obj_VerLat rms：目标的横向速度标准差。

Obi_ArelLong rms：目标的纵向加速度标准差。

Obj_ArelLat rms：目标的横向加速度标准差。

Obj_Orientation rms：目标的偏向角标准差。

Obj_ProbofExist：目标存在概率。

Obj_MeasState：目标的检测状态。

Obj_ArelLong：目标的纵向加速度。

Obj_ArelLat：目标的横向加速度。

Obj_Class：目标分类。

Obj_OrientataionAngel：目标的偏向角。

Obj_Length：目标的长度。

Obj_Width：目标的宽度。

Obj_CollDetBitfield：目标碰撞检测区域状态。

学习任务

1. 信息（创设情境,提供资讯）

一辆智能网联汽车行驶中,毫米波雷达失效,需要更换新的毫米波雷达,那么毫米波雷达是如何安装和标定的呢？请完成如下任务。

独立工作：搜集毫米波雷达的安装标定方面信息,完成以下任务。

(1) 请查阅资料,阐述毫米波雷达工作原理。

(2) 请查阅资料,阐述毫米波雷达的应用特点。

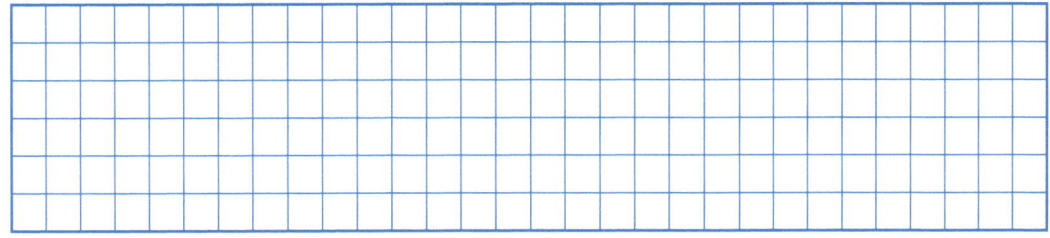

(3) 请查阅资料,阐述毫米波雷达结构。

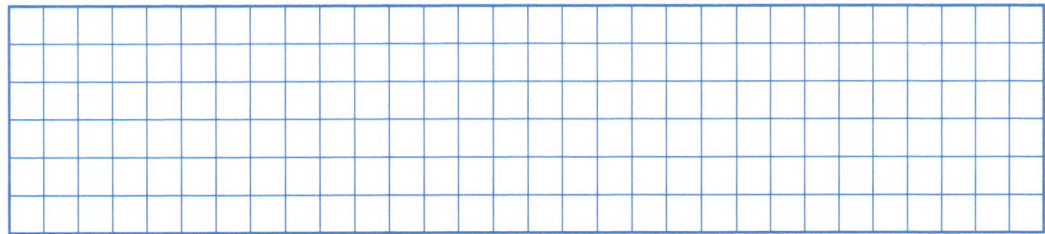

(4) 请简述毫米波雷达的测距原理。

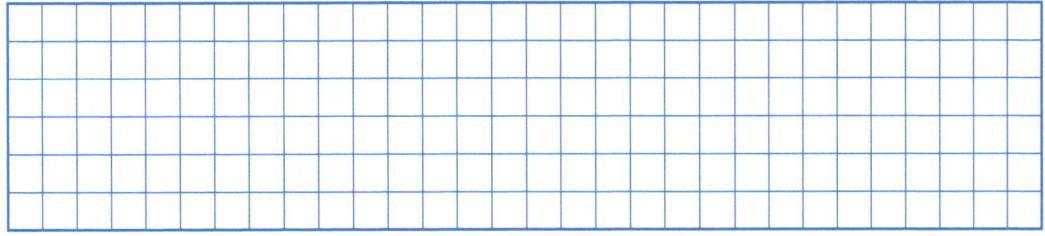

(5) 写出毫米波雷达的主要参数。

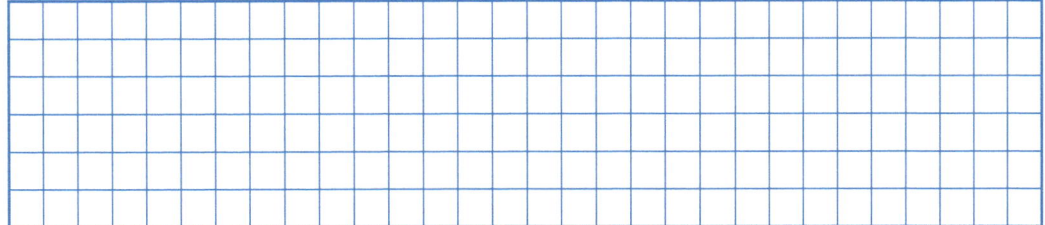

（6）请查阅资料，说明毫米波雷达的安装位置和标定工具使用方法。

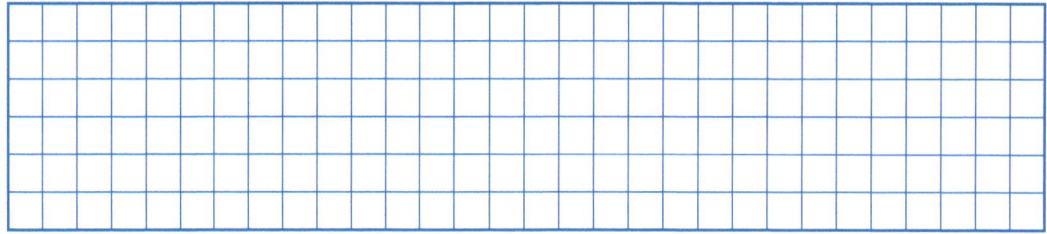

2. 计划（分析任务，制订计划）

个人/小组工作：根据毫米波雷达的安装标定要求完成下列任务。

（1）根据毫米波雷达知识导航，请拟定标定参数说明表。

序号	标定参数	实际测试值	参考值	是否合格
1				
2				
3				
4				
5				
6				
7				
8				

（2）根据毫米波雷达的安装标定任务，制定实施安装标定的步骤。

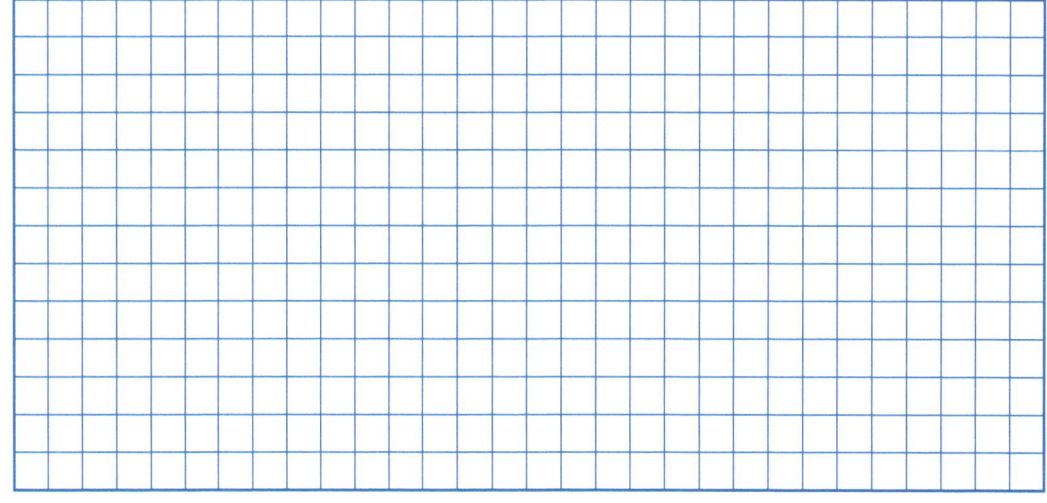

（3）请根据现场情况，列出毫米波雷达的安装标定全过程所需工具、材料清单。

序号	名称	符号	型号	数量	规格
1					
2					
3					
4					
5					
6					
7					
8					

3. 决策（集思广益，作出决定）

个人/小组工作：根据毫米波雷达的安装标定要求完成下列任务。

（1）参照相关技术文件，绘制各装调项目示意简图。

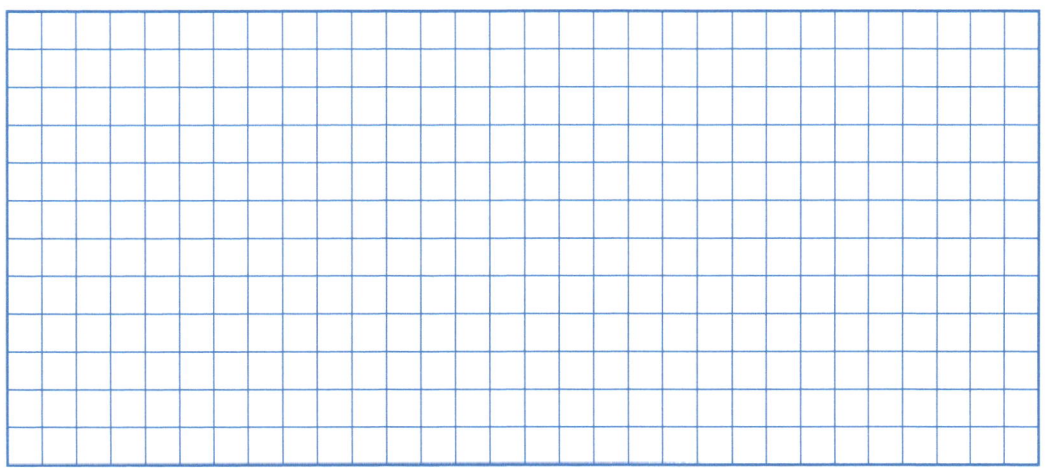

（2）参考工作计划模板，请设计毫米波雷达的安装标定项目小组工作计划表，确认成员分工及计划时间，并记录工作要点。

序号	工作计划	职责	人员	计划工时	备注
1					
2					
3					
4					
5					
6					
7					
8					

4. 实施（分工合作，沟通交流）

（1）小组工作：按工作计划实施毫米波雷达的安装标定项目。

序号	行动步骤	实施人员	实际用时	计划工时
1				
2				
3				
4				
5				
6				
7				
8				

（2）独立工作：选用合适的工具对毫米波雷达进行安装标定。在下表中记录常规检查的要点和结果。

步骤	检查关键点	测量方式	结果处理
1			
2			
3			
4			
5			
6			
7			
8			

5. 控制（查漏补缺，质量检测）

（1）个人/小组工作：明确检测要素及整改措施。

序号	检测要素	技术标准	是否完成	整改措施

（2）小组工作：检查各小组的工作过程实施情况。

检查项目	检查结果			需完善点	其他
	个人检查	小组检查	教师检查		
工时执行					
5S 执行					
质量成果					
学习投入					
获取知识					
技能水平					
安全、环保					
设备使用					
突发事件					

6. 评价（总结过程，任务评估）

（1）小组工作：总结任务收获、问题和改进措施，并征求意见。

- 收获

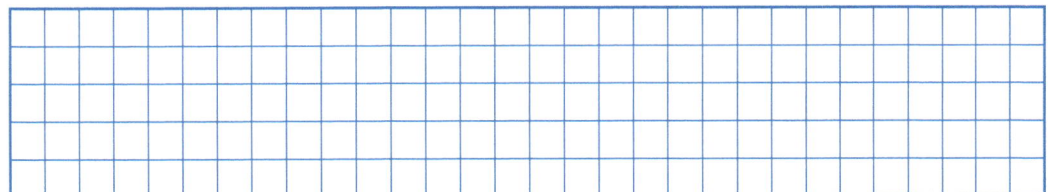

- 问题

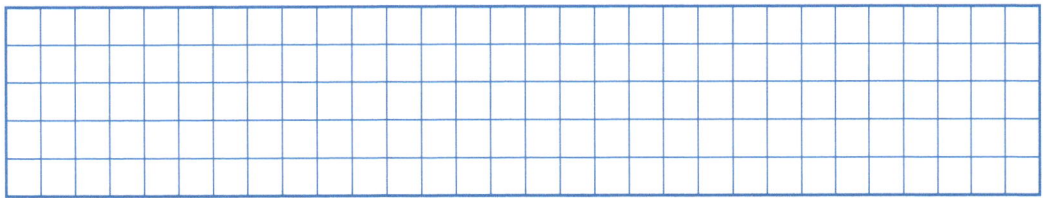

- 他人意见

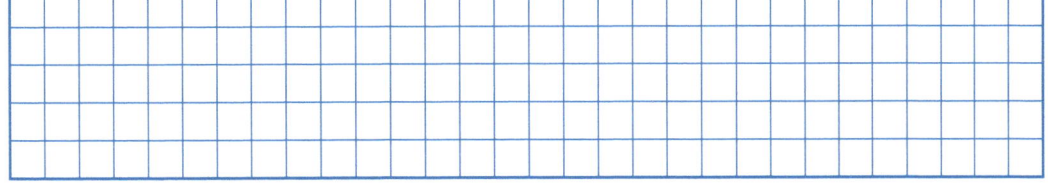

- 改进措施

（2）请小组之间按照评分标准进行工作过程自评和互评。

班级		组名		日期	
指标	评价要素		分数	自评	互评
信息检索	能否有效利用网络资源、工作手册查找有效信息		5		
	能否有条理地去解释、表述、应用所学知识		10		
感知工作	能否熟悉自己的工作岗位，认同工作价值		5		
	成员在工作中，是否获得成就感		5		
参与状态	与老师同学之间是否相互尊重、理解、平等、有效沟通		15		
	能否独立思考、倾听、协作分享		10		
学习方法	工作计划、操作技能是否符合规范要求		10		
	是否获得了进一步发展的能力		5		
工作过程	是否遵守管理规程，上课出勤和任务完成情况		10		
思维状态	是否能发现问题、分析问题、解决问题并有所创新		15		
自评反馈	能严肃认真地对待自评，并能独立完成自测题		10		
总分数			100		
简要评述					

（3）请教师按照评分标准对各小组进行任务工作过程总评。

班级		组名		姓名		出勤	
	指标	评价要素		分数	评价标准		师评
一	信息	口述或书面梳理任务要点	1. 仪态自然、吐字清晰	15	仪态不自然、表述含糊扣5分		
			2. 工作页表述准确，思路清晰、层次分明		表述不准确、不清晰扣5分		
二	计划	拟定标定参数说明表并制定安装标定步骤	1. 标定参数拟定准确无误	15	表述思路或层次不清扣5分		
			2. 制定合理安装标定步骤		参数及步骤不合理扣5分		

续表

	指标		评价要素	分数	评价标准	师评
三	决策	绘制示意图并制订检测计划	1. 绘制示意简图准确无误 2. 设计合理安装标定计划表	20	一处计划不合理扣2分,扣完为止	
四	实施	检修准备	1. 工具、电路图、辅材准备	2	每漏一项扣1分	
		安装、标定操作	2. 正确选择元件、工具及辅材	3	选择错误扣1分,扣完为止	
			3. 正确实施计划无失误（依据零件评分表）	15	与计划不符合视情况扣1分	
		现场	4. 在工作过程中保持5S,设备、工具、电路图、工位现场恢复整理	10	每出现一项扣1分,扣完为止	
五	控制	检查工作质量	正确读取和评估安装标定数据并正确分析安装标定结果	10	自我检测工作步骤并分析原因,错1项扣1分	
六	评价	工作过程评价	1. 自评	5		
			2. 互评	5		
			合计	100		

复习提高

1. 简述毫米波雷达的特点。

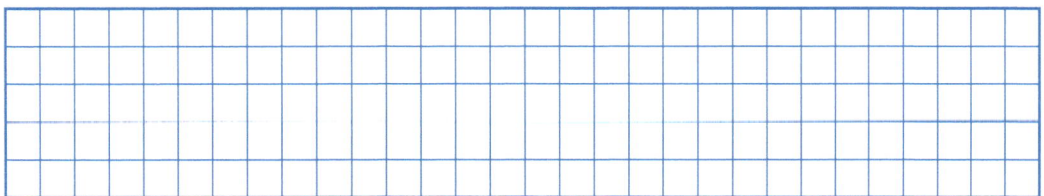

2. 简述毫米波雷达的工作原理。

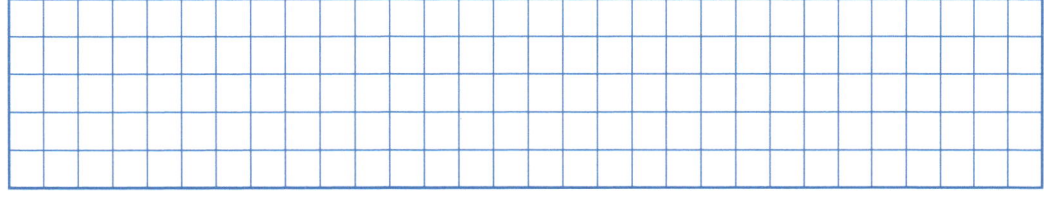

3. 简述毫米波雷达在智能网联汽车中的应用。

4. 简述毫米波雷达的安装注意事项。

学习模块 3
激光雷达的原理、安装与标定

基础知识　激光雷达组成原理

学习目标

知识目标：
1. 理解激光雷达的工作原理。
2. 了解激光雷达的主要类型。
3. 熟悉激光雷达的技术参数。
4. 了解激光雷达在各领域的应用。

能力目标：
1. 能够解析激光雷达数据。
2. 掌握激光雷达系统的使用方法。
3. 能够诊断和解决激光雷达系统在工作过程中遇到的一些基本问题，比如信号干扰、数据丢失等。

素质目标：
1. 鼓励学生关注激光雷达技术的发展趋势，激发学生对新技术研究的兴趣，促进创新思维的发展。
2. 培养团队协作能力，学会在多学科团队中有效沟通与合作。

知识导航

1. 激光雷达的内部结构

激光雷达由发射光学系统、接收光学系统、主控及处理电路板、探测器及接收电路模块、激光器及驱动模块组成。32 线激光雷达内部结构如图 3-1 所示。

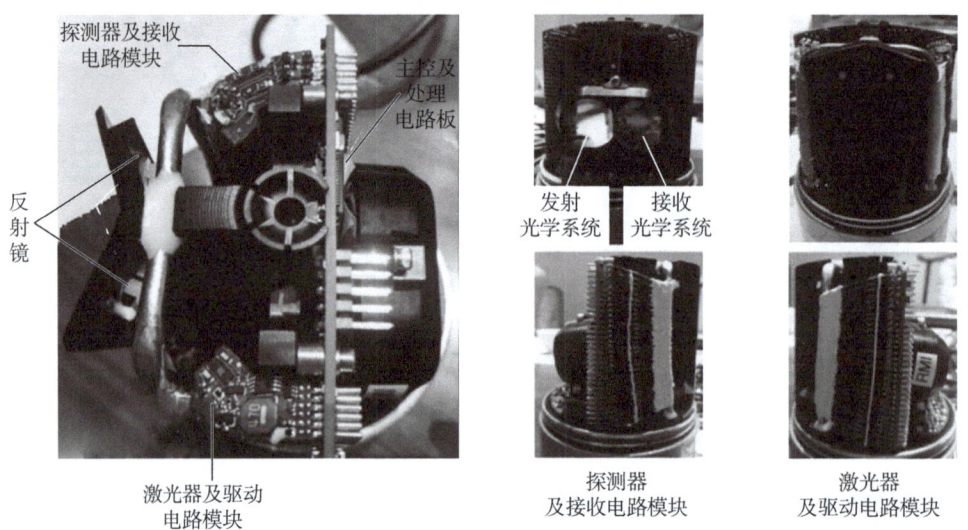

图 3-1　32 线激光雷达内部结构

2. 激光雷达的工作原理

毫米波雷达和激光雷达都是利用无线电的反射发现目标并测定它们的空间位置。雷达测距原理很简单,就是把无线电波发射出去,然后接收回来。毫米波雷达和激光雷达都基于多普勒效应工作,但是毫米波雷达发射的是窄波束,激光雷达发射的是光线。

激光雷达在工作时向目标发射探测信号(激光束),然后将接收到的从目标反射回来的信号(目标回波)与发射信号进行比较,作适当处理后,就可获得目标的有关信息,如目标距离、方位、高度、速度、姿态,甚至形状等参数,从而对不同目标进行探测、跟踪和识别,具体工作原理如图 3-2 所示。

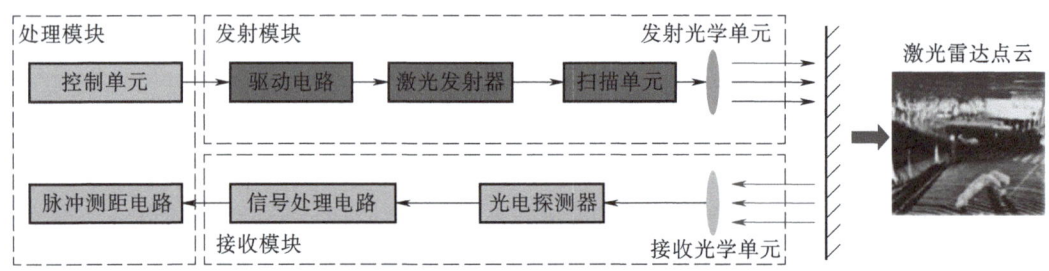

图 3-2　激光雷达的工作原理

激光雷达主要可通过三种方法实现测距:三角测距法、飞行时间(Time of Flight, TOF)法和调幅连续波(Amplitude Modulated Continuous Wave, AMCW)测距法。下面以飞行时间法和三角测距法为例介绍激光雷达的测距原理。

1)飞行时间法

激光发射器发射一个激光脉冲,并由计时器记录下出射的时间,回返光经接收器接收,并由计时器记录下回返的时间。两个时间相减即得到了光的"飞行时间",而光速是一定的,因此在已知速度和时间后很容易计算出距离,如图 3-3 所示。

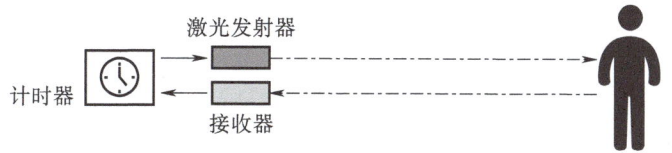

图 3-3　激光雷达飞行时间法测距

2）三角测距法

三角测距法是一束激光以一定的入射角度照射被测目标，激光在目标表面发生反射和散射，在另一角度利用透镜对反射激光汇聚成像，光斑成像在感光耦合组件（Charge-Coupled Device，CCD）位置传感器上。当被测物体沿激光方向发生移动时，位置传感器上的光斑将产生移动，其位移大小对应被测物体的移动距离，因此可由光斑位移距离计算出被测物体与基线的距离值。由于入射光和反射光构成一个三角形，对光斑位移的计算运用了几何三角定理，故该测量法被称为三角测距法。

按入射光束与被测物体表面法线的角度关系，三角测距法可分为直射式和斜射式两种。

（1）直射式三角测距法。如图 3-4 所示，当激光光束垂直入射被测物体表面，即入射光线与被测物体表面法线共线时，为直射式激光三角测距法。

激光器发射激光照射物体时，物体表面发生反射或散射等物理过程，反馈光束通过 B 镜组的作用使反馈光作用在感光元件 CCD 上。不同距离的物体反射回来的光束造成 CCD 元件上的距离 x 不同。根据相似三角形的原理，可知图 3-4 中 $\triangle OAB$ 相似于 $\triangle BFE$，AB、BF（镜组焦距）、FE（CCD 位置）已知，可求 OA。$O'A$ 测量方法类似。三角测距法基本都是运用相似原理测量物体距离。

（2）斜射式三角测距法。当光路系统中，激光入射光束与被测物体表面法线夹角小于 90°时，该入射方式为斜射式。如图 3-5 所示的光路为斜射式三角测距光路，测距原理与直射式类似，不再赘述。

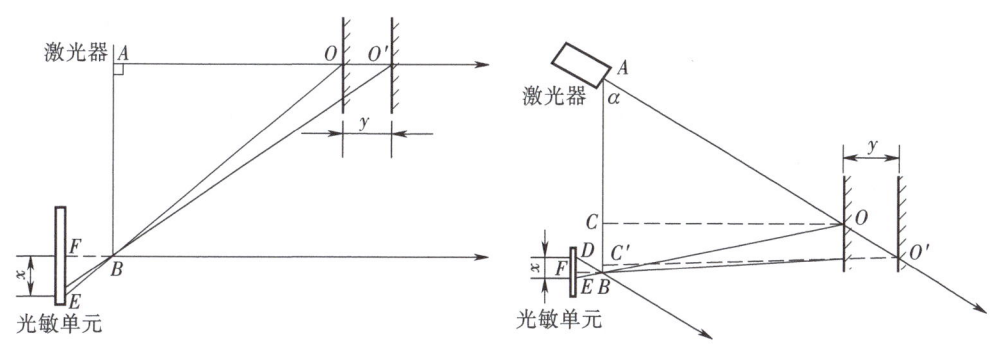

图 3-4　直射式三角测距光路　　　图 3-5　斜射式三角测距光路

3. 激光雷达的特点

1）激光雷达的优点

（1）可全天时工作，不受白天和黑夜的光照条件的限制。激光主动探测，不依赖于外界光照条件或目标本身的辐射特性。它只需发射自己的激光束，通过探测发射激光束的回波信号来获取目标信息。

（2）具有极高的分辨率。激光雷达工作于光学波段，频率比微波高 2~3 个数量级以上，因此，与微波雷达相比，激光雷达具有极高的距离分辨率、角分辨率和速度分辨率。激光束发散角小，能量集中，有更好的灵敏度，探测精度高。

（3）获取的信息量丰富。可以获得幅度、频率和相位等信息，且多普勒频移大，可以探测从低速到高速的目标，可直接获取目标的距离、角度、反射强度、速度等信息，生成目标多维度图像。

（4）抗干扰能力强。激光波长短，可发射发散角非常小（μrad 量级）的激光束，多路径效应小（不会形成定向发射，与微波或者毫米波产生多路径效应），可探测低空/超低空目标。

（5）激光雷达的波长短，可以在分子量级上对目标进行探测且探测系统的结构尺寸可以很小。

（6）激光雷达具有三维建模功能，能够检测 360°范围所有物体。

2）激光雷达的缺点

（1）与毫米波雷达相比，激光雷达产品体积大，成本高。

（2）不易识别交通标志和交通信号灯。

4. 激光雷达参数

1）激光雷达主要参数

（1）最大探测距离：通常需要标注基于某一个反射率下的测得值，白色反射体约 70% 反射率，黑色反射体为 7%~20% 反射率；

（2）距离分辨率：两个目标物体可区分的最小距离；

（3）测距精度：对同一目标进行重复测量得到的距离值之间的误差范围；

（4）测量帧频：测量帧频与摄像头的帧频概念相同，刷新率越高，响应速度越快；

（5）数据采样率：每秒输出的数据点数，等于帧率乘以单幅图像的点云数目；

（6）角度分辨率：扫描的角度分辨率，等于视场角除以该方向所采集的点云数目；

（7）视场角：又分为垂直视场角和水平视场角，是激光雷达的成像范围；

（8）波长：影响雷达的环境适应性和对人眼的安全性。

2）镭神智能 16 线激光雷达 LSLIDAR-C16 技术特点和参数

LSLIDAR-C16 是镭神智能已经量产的 16 线激光雷达，是国内首款小型激光雷达，主要面向自动驾驶汽车环境感知、机器人环境感知、精准测绘等领域。

LSLIDAR-C16 采用混合固态激光雷达方式，集合了 16 线激光头，测量距离 150 m 以内，测量精度 3 cm 以内，出点数高达 320 000 点/s，水平测角 360°，垂直测角 30°。具体参数见表 3-1。

表 3–1　镭神智能 16 线激光雷达参数

参数类型	LSLIDAR–C16
测距方式	飞行时间法
激光波段	905 nm
激光等级	1级（人眼安全）
激光通道	16路
探测距离	100 m@10%；150 m@70%
测距准度	±3 cm
测距精度	±1 cm
单回波数据速率	约32万点/s
双回波数据速率	约64万点/s
垂直视场角	−16°～+14°
水平视场角	360°
垂直角度分辨率	均匀2°
水平角度分辨率	5 Hz：0.09°；10 Hz：0.18°；20 Hz：0.36°
扫描速度	5 Hz、10 Hz、20 Hz
数据传输方式	以太网，PPS
时间来源	GPS/gPTP
供电范围	+12 V～+32 VDC
功耗	10 W（典型值[*]）
发散角	快轴5.7 mrad，慢轴8.7 mrad
操作温度	−20～+60℃[**]
储存温度	−40～+85℃
冲击	500 m/sec^2，持续11 ms
振动	5 Hz～2 000 Hz，3G rms
防护等级	IP 67
尺寸	ϕ102 mm × 77.9 mm
重量	1 040 g（标准型）

5. 不同线束激光雷达介绍

（1）单线激光雷达。单线激光雷达是指激光源发出的线束是单线的雷达，如图3-6所示，测距原理有三角测距和TOF测距之分，主要以机器人领域应用居多。其扫描速度快、分辨率强、可靠性高，与多线激光雷达相比，单线激光雷达在角频率及灵敏度上反应更快捷，所以在障碍物的测距距离和精度上也更加精准。

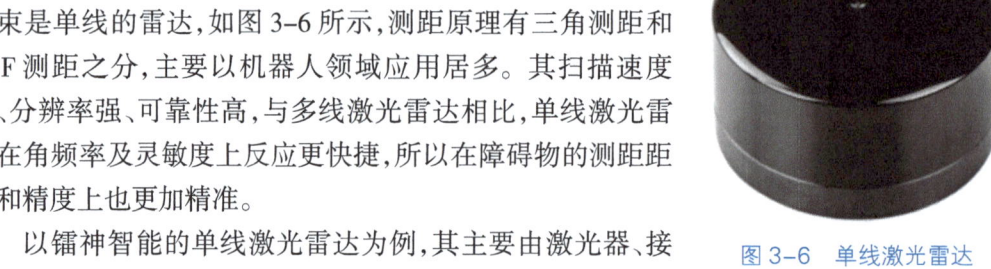

图3-6　单线激光雷达

以镭神智能的单线激光雷达为例，其主要由激光器、接收器、信号处理单元和旋转机构4个核心组件构成。

①激光器。激光器是激光雷达中的激光发射机构。在工作过程中，它会以脉冲的方式点亮。镭神智能的M10_P系列雷达，每秒钟会点亮和熄灭20 000次。

②接收器。激光器发射的激光照射到障碍物以后，通过障碍物的反射，反射光线会经由镜头组汇聚到接收器上。

③信号处理单元。信号处理单元负责控制激光器的发射，以及接收器收到的信号的处理。根据这些信息计算出目标物体的距离信息。

④旋转机构。旋转机构负责将上述部件以稳定的转速旋转起来，从而实现对所在平面的扫描，并产生实时的平面图信息。

（2）多线激光雷达。多线激光雷达是指可同时发射及接收多束激光的激光旋转测距雷达，如图3-7所示。市场上目前有4线、8线、16线、32线、64线和128线之分，多线激光雷达可以识别物体的高度信息并获取周围环境的3D扫描图，主要应用于无人驾驶领域。

（3）固态激光雷达。固态激光雷达主要是依靠波的反射或接收来探测目标，大多数据源自三维图像传感器，本质上源自红外焦平面成像仪。焦平面探测器的焦平面上排列着感光元件阵列，从无限远处发射的红外线经过光学系统成像在系统焦平面的这些感光元件上，探测器将接收到的光信号转

图3-7　多线激光雷达

换为电信号并进行积分放大、采样保持，通过输出缓冲和多路传输系统，最终送达监视系统形成图像。固态激光雷达如图3-8所示。

固态激光雷达是实现高级驾驶辅助系统（ADAS）和全自动驾驶的关键传感器之一。它能够提供车辆周围环境的高精度三维地图，帮助车辆识别障碍物、行人和其他车辆。

在智能交通系统中，固态激光雷达可用于监控交通流量、检测交通事故以及优化交通信号灯控制等，以提高道路的安全性和效率。

图 3-8　固态激光雷达

学习情境　激光雷达的安装标定

学习目标

知识目标：
1. 能正确讲述激光雷达的工作原理。
2. 能够进行说明激光雷达的正确安装方法及注意事项。
3. 能正确讲述激光雷达的标定实验步骤。

能力目标：
1. 掌握激光雷达的标定方法。
2. 掌握激光雷达的正确安装方法。
3. 能够熟练进行激光雷达的标定操作。

素养目标：
1. 树立效率意识、规范意识，培养人际沟通、团队合作的能力。
2. 培养爱岗敬业的职业道德和严谨务实的工作作风。
3. 培养自主学习的能力及制订工作计划、独立决策的能力。

知识导航

1. 激光雷达安装

1）设备及工具准备

（1）激光雷达 1 套；

（2）自动驾驶小车教学平台 1 套；

（3）安装工具 1 套。

2）激光雷达安装步骤

（1）安装固定支架，如图 3-9 所示；
（2）测量、调整固定支架高度，如图 3-10 所示。

图 3-9　固定支架

图 3-10　安装高度调整

（3）取出激光雷达，激光雷达组件如图 3-11 所示。

图 3-11　激光雷达组件

（4）安装激光雷达主体，确定激光雷达的安装高度以及安装俯仰角度。激光雷达安装的俯仰角为 180°，横摆角为 0°（360°），侧倾角为 0°（360°），安装高度根据前方障碍物高度进行调整，横向安装位置为车辆正中央轴线上，如图 3-12 和图 3-13 所示，使用专用工具将激光雷达与实验台进行结构安装。

①激光雷达安装位置应无遮挡，如安装于该教学平台车顶。
②安装高度越高，盲区越大，该教学平台安装高度为 1.5 m。
③安装角度为水平面安装，无倾斜角，根据不同应用要求，可调节安装角度，但是会失去部分探测长度。

（5）调整安装角度，如图 3-13 所示。

2. 激光雷达点云数据可视化

1）Windows 环境下数据显示

（1）设备连接。LSLIDAR-C16 网络参数可配置，出厂默认采用固定 IP 和端口号模式，见表 3-2。

(a) 横摆角　　　　　　　　　　(b) 侧倾角

(c) 俯仰角

图 3-12　安装位置示意

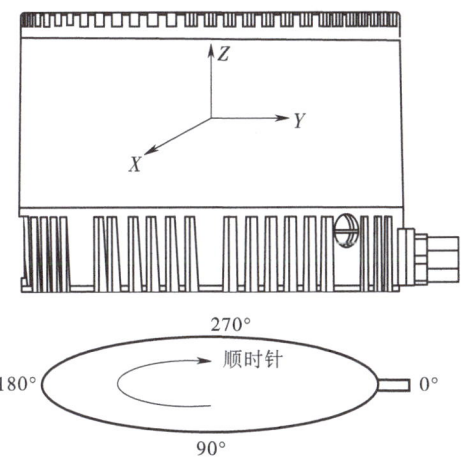

图 3-13　安装角度

表 3-2　出厂默认网络配置

设备	IP 地址	MSOP 包端口号	DIFOP 包端口号
RS-Helios-1610	192.168.1.200	6699	7788
电脑	192.168.1.102		

使用设备的时,需要把电脑的 IP 设置为与设备同一网段上,例如 192.168.1.x(x 的取值范围为 1～254),子网掩码为 255.255.255.0。

设备接线示意如图 3-14 所示。

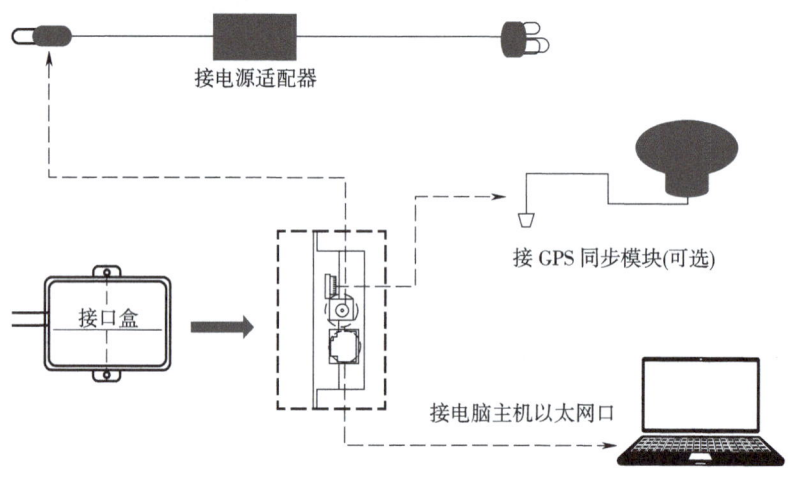

图 3-14　设备接线示意

(2)查看设备信息。LSLIDAR-C16 仅支持通过网页端对设备进行参数设定、运行信息/状态查看及固件升级等操作。

LSLIDAR-C16 地址跟随设备 IP 变化而变化,出厂默认设备 IP 为 192.168.1.200,若用户更改过设备 IP,则上位机软件地址变更为新设定的 IP 地址。设备按照要求连接及正确配置完成后,使用连接雷达的电脑浏览器访问设备 IP 地址(默认 IP 为 192.168.1.200)。

雷达上位机端默认为设备信息页,如图 3-15 所示。

网页端 "Setting" 栏为雷达参数设定页,在此处可更改设备 IP、端口号、回波模式、转速及角度触发等功能设定。

其中各项信息如下:

①支持单播(默认)/广播模式,将目标 IP 设置为 255.255.255.0 则为广播模式,默认出厂为 192.168.1.102;

②可更改 MSOP 和 DIFOP 的数据端口,取值范围为 1 025～65 535;

③"Return Mode"菜单下拉可选最强(默认)、最后、最前、双回波四种回波模式;

④可设置 FOV,角度范围为 0°～360°,设定后则只输出设定区域点云数据;

⑤用户可设置转速,仅支持 600 r/min(默认)、1 200 r/min;

⑥用户可下拉 "Time Synchronization Source" 选择 GPS、PTP-P2P、PTP-E2E 和 PTP-gPTP 确定同步方式;

⑦用户可下拉 "Operation Mode" 选择工作模式,分别为 Standby/High Performance(默认)工作模式,当选择 Standby 模式时,雷达电机和发射器停止工作。

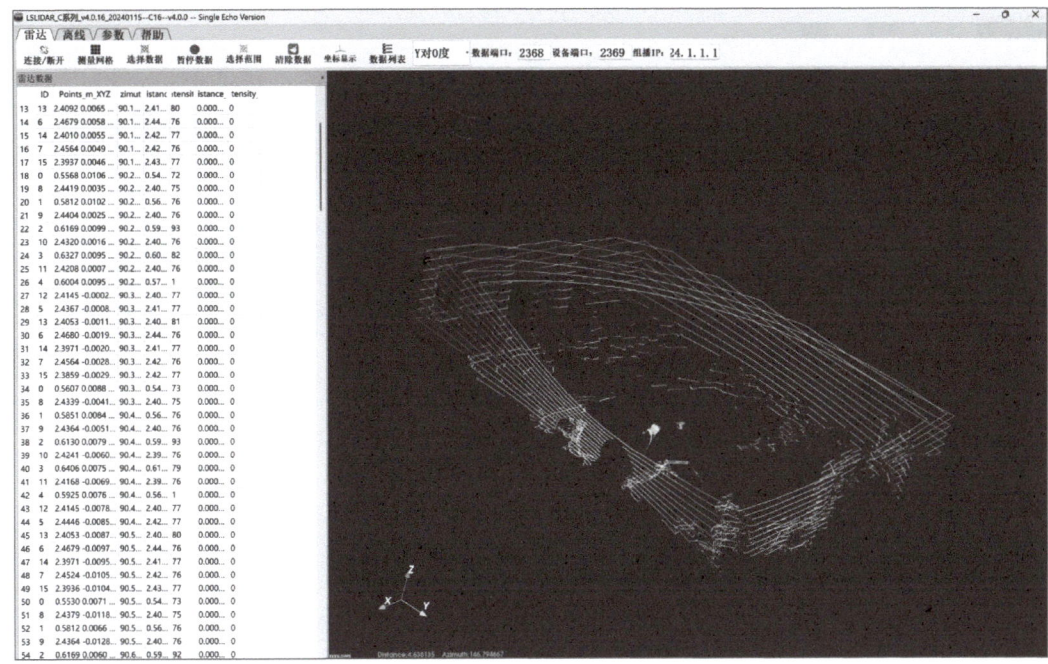

图 3-15 雷达上位机端设备信息页

注意事项：

① Device IP 和 Destination IP 需在同一网段，否则可能会导致无法正常连接；

② MSOP 和 DIFOP 的取值范围为 1 025～65 535，且 MSOP 端口和 DIFOP 端口不可设置为同一端口；

③ 每次更改都需要点击"设置参数"，提示成功则表示设定生效。

（3）设备驱动安装与使用。激光雷达设备需要对应的驱动程序，才能实现设备的正常工作和数据采集与显示。激光雷达可以在 Windows 和 Linux 环境下实现数据的采集与点云显示。

① Windows 环境下数据显示。

第一步，安装上位机软件（已安装）。镭神的上位机软件不需要安装，是一个可执行文件。文件支持 Windows 的 64 位操作系统，运行前不需要安装其他依赖软件。在电脑桌面上找到相应的应用程序。双击即可运行，如图 3-16 所示。

第二步，设置网络（已配置）。点击电脑的"网络连接"，点击"网络设置"，选择以太网，再点击"更改适配器选项"，双击"以太网"，双击"更改 Internet 版本协议 4"，按图 3-17 配置网络。子网掩码为 255.255.255.0，设定计算机的静态 IP 地址为 192.168.1.102。

第三步，数据可视化。

a. 接通 LSLIDAR-C16 电源，并用网线和电脑连接。

b. 运行打开上位机软件，双击第一步的 exe 文件。

图 3-16　激光雷达上位机软件

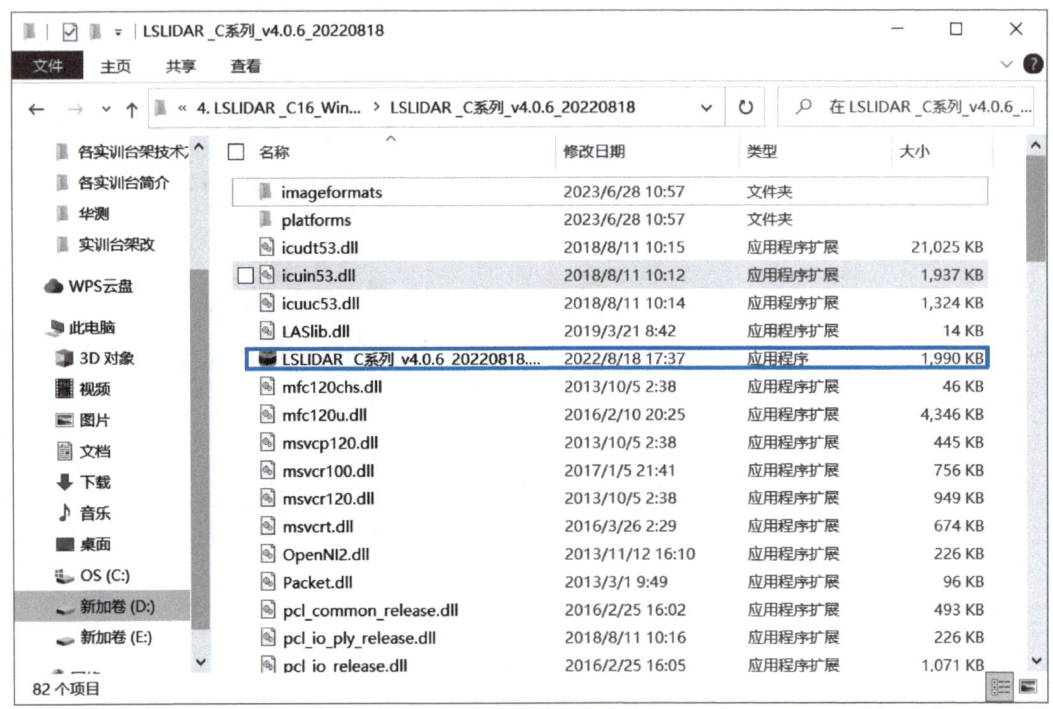

图 3-17　配置网络

c. 设置数据端口号（默认 2368），设备包端口号（默认 2369），组播 IP。点击左上角的连接，如图 3-18 所示。

d. 上位机显示实时采集到的数据。可以通过点击"暂停数据"按钮暂停，再点击一次可以继续显示，如图 3-19 所示。

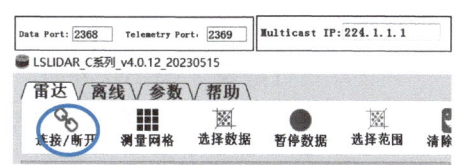

图 3-18　打开上位机实时数据显示

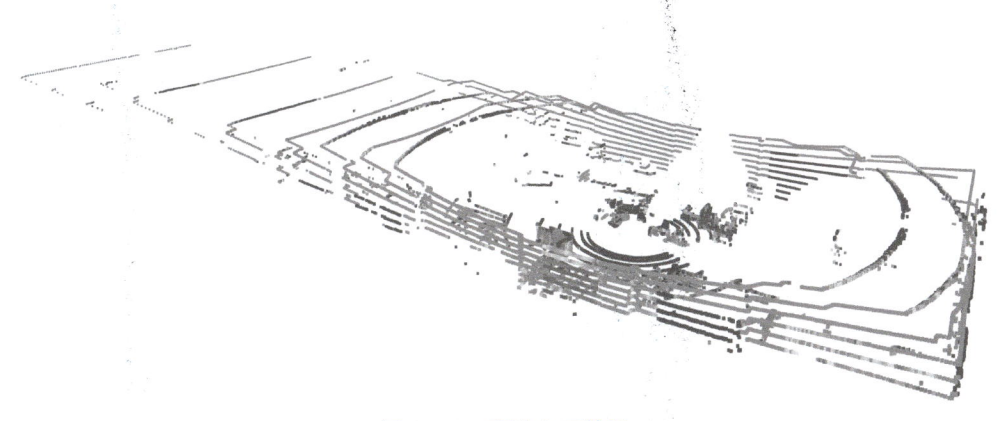

图 3-19　雷达点云数据

② Linux 环境下数据显示。除了使用 Windows 进行点云数据显示，还可以使用 Ubuntu+ROS 来获取和可视化 LSLIDAR-C16 的数据。

第一步，配置环境（已配置）。

a. 下载并安装 Ubuntu 16.04/18.04/20.04 操作系统。

b. ROS 用户根据链接（http://wiki.ros.org/kinetic/Installation）安装并测试 ROS melodic 基本功能。

c. 下载并安装依赖 libpcap-dev。

第二步，下载并编译雷达驱动包（已配置）。

a. 下载激光雷达驱动包，将驱动包放在对应的工作空间"c16_ws/src"下。

b. 安装相关依赖。

更新

sudo apt-get update

安装 libpcap

sudo apt-get install libpcap-dev

c. 编译、运行。

cd c16_ws 进入工作空间

catkin_make 编译

source devel/setup.bash 刷新环境变量

roslaunch lslidar_driver lslidar_c16.launch 运行

第三步,点云数据可视化。

在终端运行指令,打开 rviz 界面。在 rviz 界面里选择添加激光雷达点云,具体流程如图 3-20 所示,点云可视化图像如图 3-21 所示。

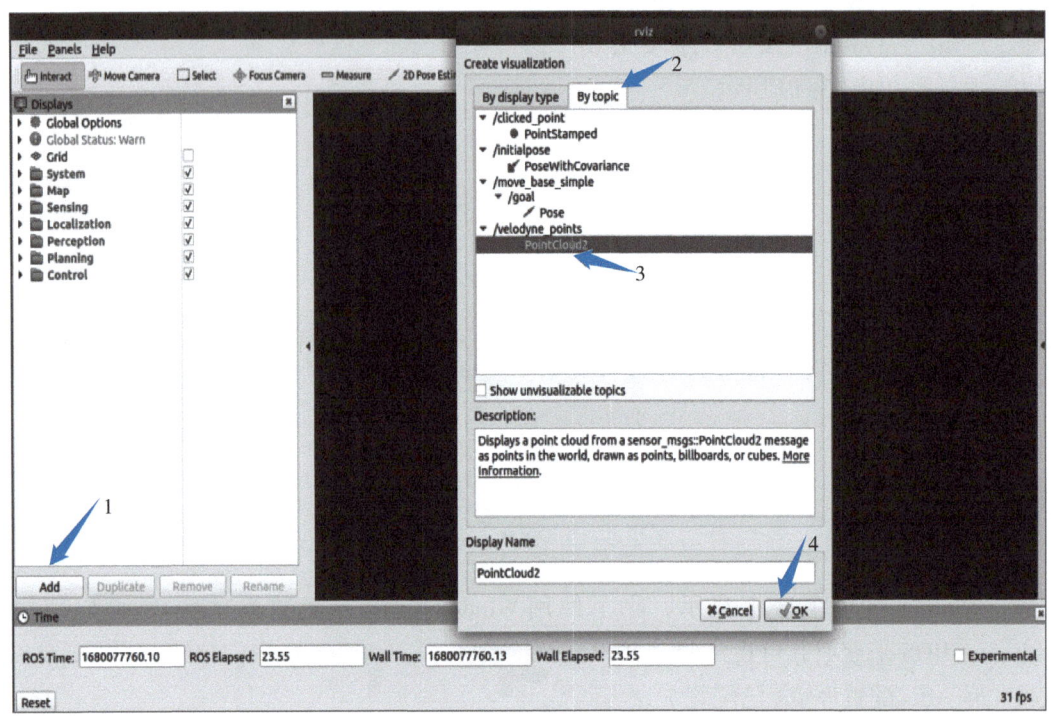

图 3-20　添加点云

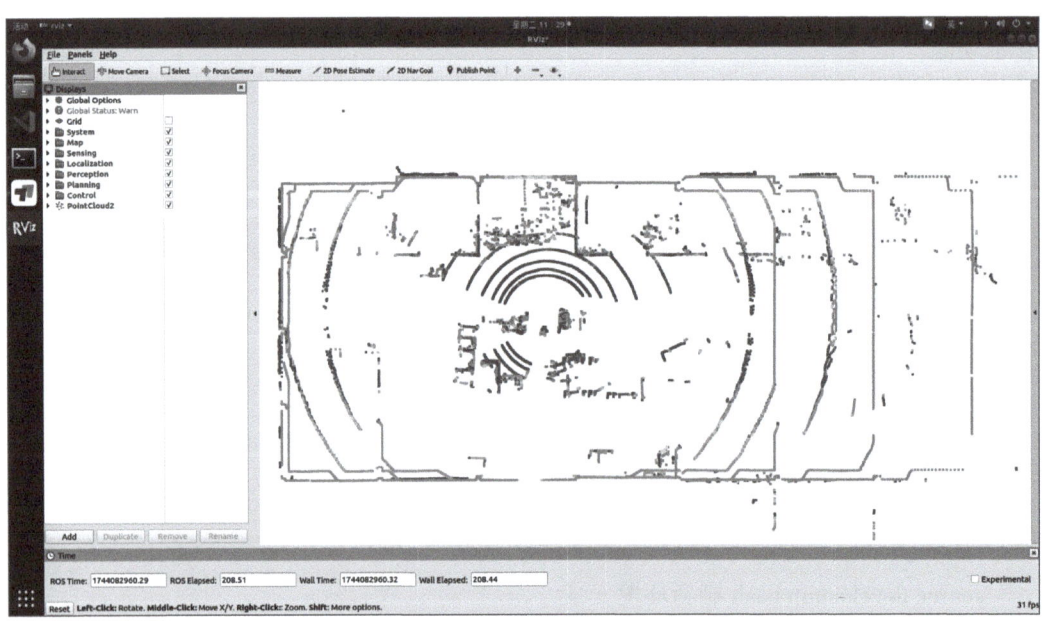

图 3-21　点云可视化图像

3. 激光雷达数据采集

1）Windows 环境下的单个雷达数据采集

（1）打开上位机软件,将点云可视化显示出来,然后在实时显示数据时点击"离线"下的"录制数据"按钮,如图 3-22 所示。

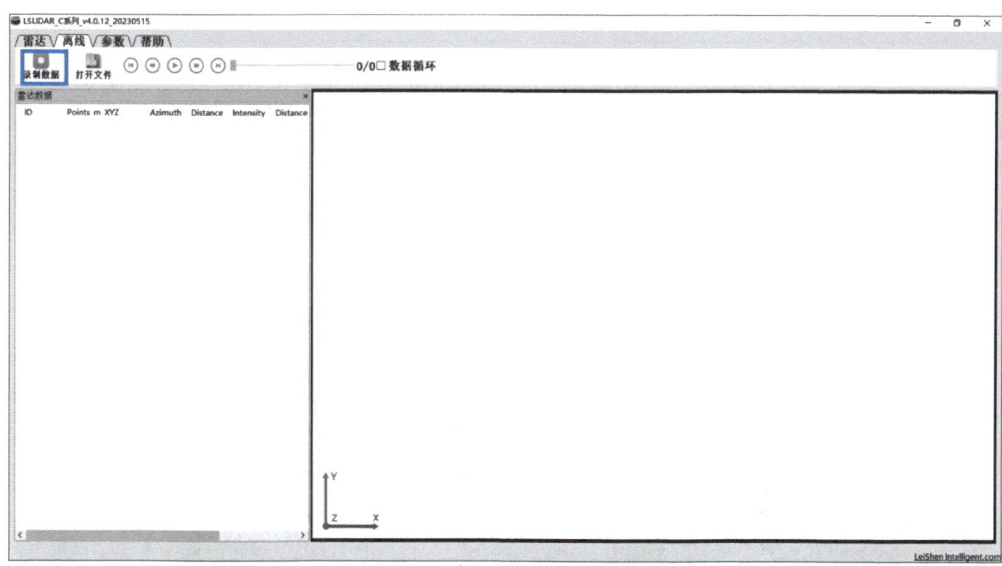

图 3-22　上位机实时数据显示保存

（2）在弹出的 Choose Output File 对话框中,选择需要保存的路径和保存的文件名后,点击"保存（S）"按钮。上位机软件将开始将数据包文件写入目标 pcap 文件中,如图 3-23 所示。

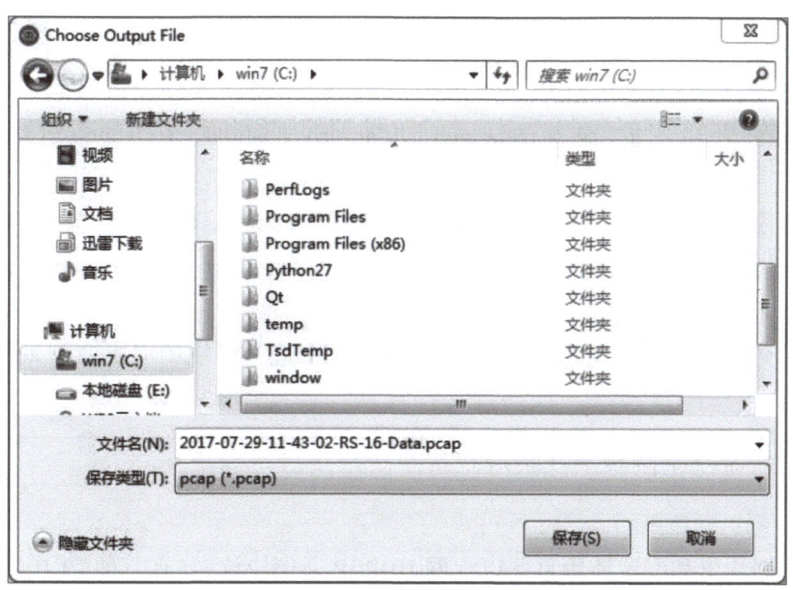

图 3-23　上位机软件保存对话框

（3）再次点击“录制数据”按钮停止保存 pcap 数据。

2）Linux 环境下的单个雷达数据采集

在 Ubuntu 系统中将激光雷达运行起来，在 ROS 运行激光雷达后，按住“Ctrl+Alt+T”打开终端，在终端运行如下指令，查看激光雷达点云数据是否发布。

```
rostopic list
```

当终端里显示有 /points_raw 话题时，说明激光雷达已开始工作。在终端里运行如下指令，进行点云数据的采集与存储，使用“Ctrl+C”结束采集。

```
rosbag record /points_raw
```

查看 rosbag 包的信息，如图 3–24 所示。

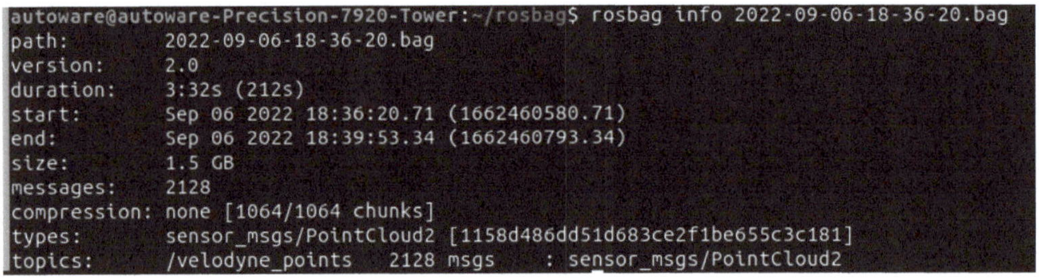

```
autoware@autoware-Precision-7920-Tower:~/rosbag$ rosbag info 2022-09-06-18-36-20.bag
path:        2022-09-06-18-36-20.bag
version:     2.0
duration:    3:32s (212s)
start:       Sep 06 2022 18:36:20.71 (1662460580.71)
end:         Sep 06 2022 18:39:53.34 (1662460793.34)
size:        1.5 GB
messages:    2128
compression: none [1064/1064 chunks]
types:       sensor_msgs/PointCloud2 [1158d486dd51d683ce2f1be655c3c181]
topics:      /velodyne_points   2128 msgs    : sensor_msgs/PointCloud2
```

图 3–24　rosbag 包数据信息

3）Linux 环境下多个雷达数据采集

先在 Ubuntu 下启动三个激光雷达。

（1）按住“Ctrl+Alt+T”打开终端，输入 cd m10_ws 进入工作空间，输入 source devel/setup.bash 刷新环境变量，输入 roslaunch lslidar_driver lslidar_net.launch 运行单线驱动程序。

（2）按住“Ctrl+Alt+T”打开终端，输入 cd c16_ws 进入工作空间，输入 source devel/setup.bash 刷新环境变量，输入 roslaunch lslidar_driver lslidar_c16.launch 运行 16 线驱动程序。

（3）按住“Ctrl+Alt+T”打开终端，输入 cd ls128_ws 进入工作空间，输入 source devel/setup.bash 刷新环境变量，输入 roslaunch lslidar_driver lslidar_ls128.launch 运行 128 线驱动程序。

每个激光雷达对应一个话题，按住“Ctrl+Alt+T”打开终端用以下命令采集三个激光雷达的数据。

```
rosbag record /points_raw /points_raw128 /scan
```

4. 激光雷达数据解析

雷达数据输出和配置使用百兆以太网 UDP/IP 通信协议，共有三种 UDP 包协议，其中数据包包长为 1 254 字节（42 字节以太网包头和 1 212 字节有效载荷），另外两种包长为

1 248 字节（42 字节以太网包头和 1 206 字节有效载荷），雷达支持单播、广播和组播通信。

雷达通信协议有以下 3 种，见表 3-3：

①主数据流输出协议 MSOP，负责雷达测量的距离、角度、强度和时间戳等信息的输出。

②设备信息输出协议 DIFOP，负责雷达和附属设备的当前状态和各种配置信息输出。

③用户配置写入协议 UCWP，设置雷达的配置参数。

表 3-3　雷达通信协议

UDP 包名称	简称	功能	长度（Byte）	发送间隔
MSOP	数据包	输出测量数据、时间戳等	1 212	约 1.2 ms / 0.6 ms
DIFOP	设备包	输出参数配置和状态信息	1 206	1 s（连续 1 包）
UCWP	配置包	输入配置参数	1 206	不固定

数据包输出点云的角度值、距离值、强度值、时间戳等测量数据。数据包的数据采用小端模式（高字节在后，低字节在前）。数据包包括 42 字节以太网包头和 1 212 字节的有效载荷，长度 1 254 字节。有效载荷由 1 200 字节的通道数据 Channel data（12 个 100 字节的数据块 block）和 12 个字节的附加信息（6 个字节的 UTC 时间、4 字节的 Timestamp 和 2 字节的 Factory）组成。

设备包输出版本号、以太网配置、电机转速和运行状态、故障诊断等只读参数和状态信息。设备包的数据采用大端模式（Big-Endian）（高字节在前，低字节在后）。设备包包括 42 字节以太网包头和 1 206 字节的有效载荷，长度 1 248 字节，见表 3-4。有效载荷由 8 字节的包头 Header、1 196 字节的数据 Data 和 2 字节的包尾 Tail 组成。

表 3-4　设备包数据格式

以太网包头：42 Bytes				
名称	序号	信息	Offset	长度（Byte）
Ethernet Ⅱ MAC	0	Destination	0	6
	1	Source	6	6
Ethernet 数据包类型	2	Type	12	2
Internet Protocol	3	Version, Header Length, Differentiated Services, Field, Total Length, Identification, Flags, Fragment Offset, Time to Live, Protocol, Header, Checksum, Source IP Address, Destination IP Address	14	20

续表

名称	序号	信息	Offset	长度（Byte）
UDP 协议端口号	4	源端口（0x0940，代表 2368）	34	2
	5	目的端口（0x0941，代表 2369）	36	2
UDP 协议的长度和求和校验	6	长度（0x04BE，代表 1 214 字节）	38	2
	7	求和检验	40	2

有效载荷：1 206 Bytes

名称	序号	信息	Offset	长度（Byte）
Header	0	设备包识别头	0	8
Data	1	电机转速	8	2
	2	以太网配置 1	10	22
	3	以太网配置 2	32	8
	4	雷达旋转/静止	40	2
	5	预留	42	2
	6	时钟源选择	44	2
	7	PPS 对齐水平角度	46	2
	8	检测 PPS 对齐水平角度偏差	48	2
	9	预留	50	2
	10	UTC 时间	52	6
	11	经纬度	58	22
	12	APD 板温度	80	2
	13	LD 板温度	82	2
	14	APD 高压	84	2
	15	LD 发射高压	86	2
	16	三号板温度	88	2
	17	三号板湿度	90	2
	18	GPS 状态	92	1
	19	PPS 状态	93	1
	20	高温暂停	94	2
	21	外罩脏污计数值	96	1

续表

名称	序号	信息	Offset	长度（Byte）
Data	22	外罩脏污报警信息	97	1
	23	外罩脏污能量值	98	2
	24	阈值调节值	100	1
	25	输入电压值	101	2
	26	输入电流值	103	2
	27	工作时长	105	4
	28	预留	109	1 095
Tail	29	包尾	1 204	2

Header 是设备包识别头，固定为 0xA5，0xFF，0x00，0x5A，0x11，0x11，0x55，0x55，其中前 4 个字节可作为包的检查序列。包尾 Tail 固定为 0x0F，0xF0。

配置包协议对雷达的以太网、PPS 对齐角度、电机等参数进行配置，配置包的数据采用大端模式（高字节在前，低字节在后）。配置包包括 42 字节以太网包头和 1 206 字节的有效载荷，长度 1 248 字节，见表 3-5。有效载荷由 8 字节的 Header、1 196 字节的 Data，以及 2 字节的 Tail 组成。

使用时应先获取一个设备包原样赋值到配置包中，再修改对应位置的参数后下发给雷达。

注意：推荐用户通过 Windows 环境下点云软件配置雷达，禁止客户自行打包配置雷达参数。

表 3-5　配置包数据格式

以太网包头：42 Bytes				
名称	序号	信息	Offset	长度（Byte）
Ethernet Ⅱ MAC	0	Destination	0	6
	1	Source	6	6
Ethernet 数据包类型	2	Type	12	2
Internet Protocol	3	Version, Header Length, Differentiated Services, Field, Total Length, Identification, Flags, Fragment Offset, Time to Live, Protocol, Header, Checksum, Source IP Address, Destination IP Address	14	20

续表

名称	序号	信息	Offset	长度（Byte）
UDP 协议端口号	4	源端口（0x0941,代表 2369）	34	2
	5	目的端口（0x0940,代表 2368）	36	2
UDP 协议的长度和求和校验	6	长度（0x04BE,代表 1214 字节）	38	2
	7	求和检验	40	2

有效载荷：1206 Bytes

名称	序号	信息	Offset	长度（Byte）
Header	0	配置包识别头	0	8
Data	1	电机转速	8	2
	2	以太网配置 1	10	22
	3	以太网配置 2	32	8
	4	雷达旋转 / 静止	40	2
	5	预留	42	2
	6	时钟源选择	44	2
	7	PPS 对齐水平角度	46	2
	8	预留	48	1 156
Tail	9	帧尾	1 204	2

Header 是配置包识别头，固定为 0xAA, 0x00, 0xFF, 0x11, 0x22, 0x22, 0xAA, 0xAA，其中前 4 个字节作为包的检查序列。包尾 Tail 固定为 0x0F, 0xF0。

1）Windows 环境下进行数据解析

打开激光雷达上位机软件，软件界面包含菜单区、工具栏区、3D 视窗区域、数据表区域等，如图 3-25 所示。注意：如需查看软件版本，点击菜单栏 "Help->About" 按钮。

（1）设置数据端口号（默认 2368），设备包端口号（默认 2369）及组播 IP，如图 3-26 所示。

（2）当雷达的电源和网线连接后，点击 按钮，实现实时接收雷达数据。再次点击 则断开数据连接。

（3）数据的显示。

数据表包含 ID、Points_m_XYZ、Distance、Azimuth、Intensity、Timestamp。其中的 ID 为雷达对应的线号（最底部显示为 0,最上端显示最大的线号），Points_m_XYZ 为空间坐标，Distance 为距离、Azimuth 为方位角、Intensity 为反射强度、Timestamp 为时间戳，如图 3-27 所示。

图 3-25 上位机软件按键

图 3-26 端口号、IP 设置

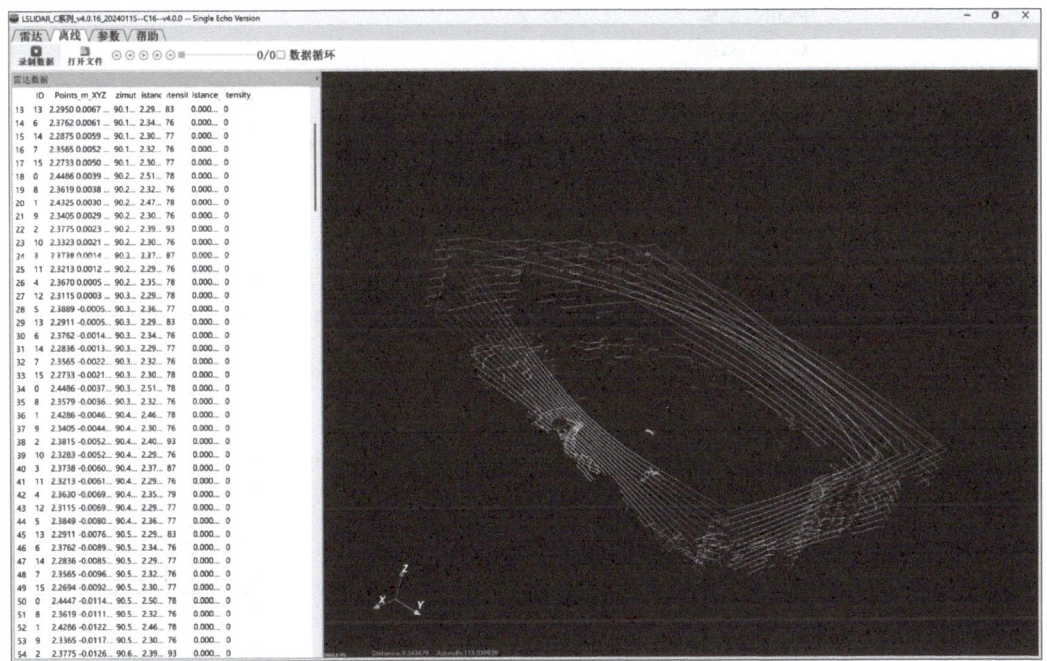

图 3-27 雷达数据显示

点云显示介绍：

20 个圆和 40×40 的网格，每两个相邻的圆半径相差 10 m，每两个网格（横向或者纵向）间相差 10 m，最外层圆圈半径为 200 m。网格和辅助圆便于用户查看点云的位置。3D 显示界面坐标轴的方向与点云参考系 x、y、z 的 X、Y 轴方向一致。

2）Ubuntu 下进行点云数据解析

在 Ubuntu 下，点云数据可以使用多种格式和消息类型进行表示和存储。以下是几种常见的点云数据格式和消息类型。

（1）PCD 格式。PCD 是一种常见的点云数据格式，是 PointCloud Library（PCL）库中定义的一种文件格式。PCD 文件使用二进制或 ASCII 格式存储点云数据，可以包含点的位置、颜色、法线等信息。

PCD 文件由一个文件头（Header）和实际的点云数据组成，如图 3-28 所示。

```
文件(F)  编辑(E)  格式(O)  查看(V)  帮助(H)
# .PCD v0.7 - Point Cloud Data file format
VERSION 0.7
FIELDS x y z
SIZE 4 4 4
TYPE F F F
COUNT 1 1 1
WIDTH 5
HEIGHT 1
VIEWPOINT 0 0 0 1 0 0 0
POINTS 5
DATA ascii
1.28125 577.09375 197.9375
828.125 599.03125 491.375
358.6875 917.4375 842.5625
764.5 178.28125 879.53125
727.53125 525.84375 311.28125
```

图 3-28　PCD 格式

PCD 文件以 # .PCD v.x 的形式开始，其中 x 代表 PCD 文件版本号。文件头中包含了一些元数据和描述信息，例如文件类型、字段信息、数据格式等。常见的字段如下：

① VERSION：PCD 文件的版本号。

② FIELDS：描述每个字段的名称，可以是 x、y、z 表示点云的三维坐标，也可以包含其他属性，如 rgb、intensity 表示颜色或强度。

③ SIZE：每个字段的字节数。

④ TYPE：每个字段的数据类型，其中 U 代表无符号整型，I 代表有符号整型，F 代表浮点型。

⑤ COUNT：每个字段的数据个数，通常为 1。

⑥ WIDTH：点云数据的宽度，表示点的数量。

⑦ HEIGHT：点云数据的高度，通常为 1。

⑧ VIEWPOINT：视点信息。

后面的数据是指每个点的坐标。

文件头的具体内容根据不同的 PCD 文件版本和应用需求而有所差异。

文件头之后是实际的点云数据，可以是二进制或 ASCII 格式。对于二进制格式，点的数据以连续的二进制流形式存储，每个字段按照其数据类型和字节数进行存储。对于 ASCII 格式，每行表示一个点，字段之间使用空格或逗号进行分隔。

（2）PointCloud2 消息类型。在 ROS 中，点云数据可以使用 PointCloud2 消息类型进行传输和存储。PointCloud2 消息类型包含点云数据的二进制表示形式，可以携带点的位置、颜色、法线等信息，如图 3-29 所示。

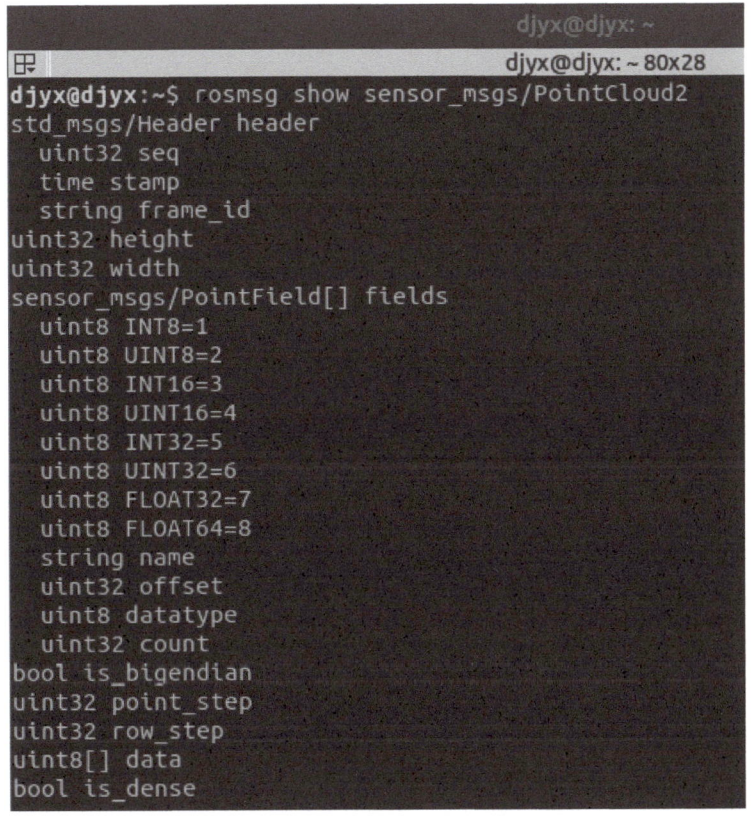

图 3-29　PointCloud2 消息类型

① header：表示消息的头部信息，包括数据帧（seq）、时间戳（stamp）、坐标系（frame_id）等。

② height 和 width：height 表示点云数据的行数，width 表示每一行的数据点数。对于非结构化的点云数据，height 通常为 1，width 为所有点的总数；对于结构化数据（如深度图），height 和 width 表示数据的尺寸。

③ fields：用来描述点云中每个点的属性和数据类型。每个 field 包含以下 4 个参数。

a. name：字段的名称，例如 x、y、z 表示点云的三维坐标。

b. offset：字段相对于点云数据的偏移量，以字节为单位。

c. datatype：字段的数据类型，包括 INT8、UINT8、INT16、UINT16、INT32、UINT32、FLOAT32、FLOAT64 等。

d. count：该字段的数量，例如 RGB 颜色字段通常为 3。

通过 fields 参数可以描述点云中的各种属性，如位置、颜色、法线等。

④ is_bigendian 和 point_step：is_bigendian 表示数据的字节序是否为大端序。point_step 表示每个点的字节数是一个固定值，可以通过计算 fields 中所有字段的字节数求和得到。

⑤ row_step 和 data：row_step 表示每一行数据的字节数，通常等于 width 乘以 point_step。data 是存储点云数据的二进制缓冲区。

5. 激光 SLAM 建图

1）SLAM 定义

SLAM 是 Simultaneous Localization and Mapping 的缩写，中文译作"同时定位与地图构建"。它是指搭载特定传感器的主体，在没有环境先验信息的情况下，于运动过程中建立环境的模型，同时估计自己的运动。如果这里的传感器主要为激光雷达，那就称为激光 SLAM 流程，如图 3-30 所示。

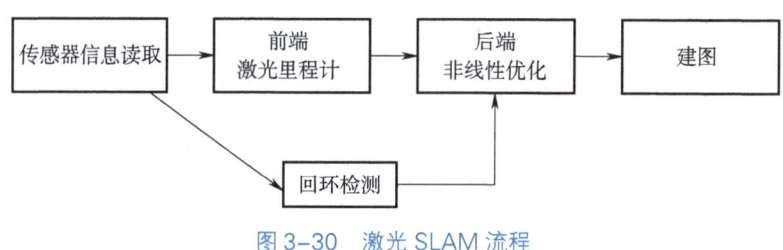

图 3-30　激光 SLAM 流程

我们把整个激光 SLAM 流程分为以下 5 步：

（1）传感器信息读取。激光 SLAM 流程主要为激光雷达点云的读取和预处理。如果在机器人中，还可能有码盘、惯性传感器等信息的读取和同步。

（2）激光里程计。激光里程计任务是估算相邻图像间相机的运动，以及局部地图的形状，又称为前端。

（3）非线性优化。非线性接受不同时刻激光里程计测量的相机位姿，以及回环检测的信息，对它们进行优化，得到全局一致的轨迹和地图。由于接在前端之后，又称为后端。

（4）回环检测。回环检测判断机器人是否曾经到达过先前的位置。如果检测到回环，它会把信息提供给后端进行处理。

（5）建图。根据估计的轨迹，建立与任务要求对应的地图。

2）操作步骤

（1）运行激光雷达。利用 16 线激光雷达进行建图算法的验证。按住 "Ctrl+Alt+T" 打开终端，输入 cd c16_ws 进入工作空间，输入 source devel/setup.bash 刷新环境变量，输入 roslaunch lslidar_driver lslidar_c16.launch 运行 16 线驱动程序，进行激光雷达数据采集生成 bag 包。

（2）运行建图算法。

①首先检查激光雷达线束连接是否正常；

②在 ROS 下启动激光雷达并通过 rviz 查看点云数据是否正常；

③启动 autoware，终端输入以下命令：

```
cd autoware.release
source install/setup.bash
roslaunch runtime_manager runtime_manager.launch
```

④打开 Autoware，在"Compulting"菜单栏中找到"ndt_mapping"，点击后面的"app"进行设置，如图 3-31 所示。

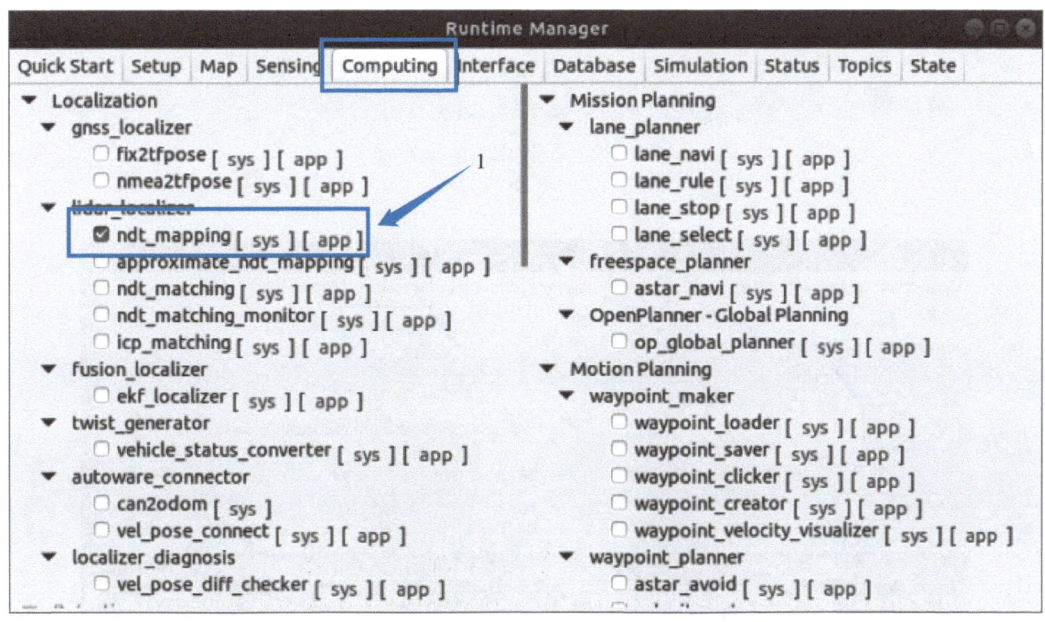

图 3-31　启动建图程序

⑤将 Method_Type 选为 pcl_generic，如果成功配置了 GPU 也可以选择 pcl_anh_gpu，使用 gpu，然后点"Close"，如图 3-32 所示。

⑥在"Simulation"菜单下，点击"Ref"，找到刚才录制的雷达数据，将录制好的雷达数据包导入，点击"play"播放录制的数据包。此时会在终端看到计算处理信息输出，如图 3-33 所示。

终端上的两组数据在不断增加，前边的数字表示当前的进度，后面的数据表示从 bag 播放的数据中读取的数据，由于计算性能等影响，不能让两个数字差别太大，如果太大则暂时按下"Simulation"中的"Pause"按钮暂停播放，等待计算进度。注意：当地图太大时，建图会存在延时，若下图中显示的 Processed/Input 的数值差超过 2 000，则先暂停 bag 包的播放，待 Processed 追平后再继续播放包（暂停包是 Simulation 不是 Stop）。

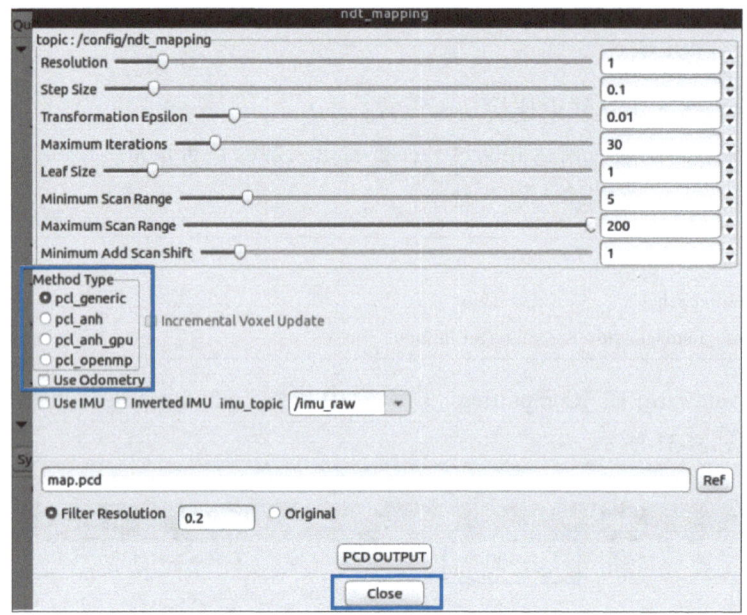

图 3-32　配置 ndt_mapping

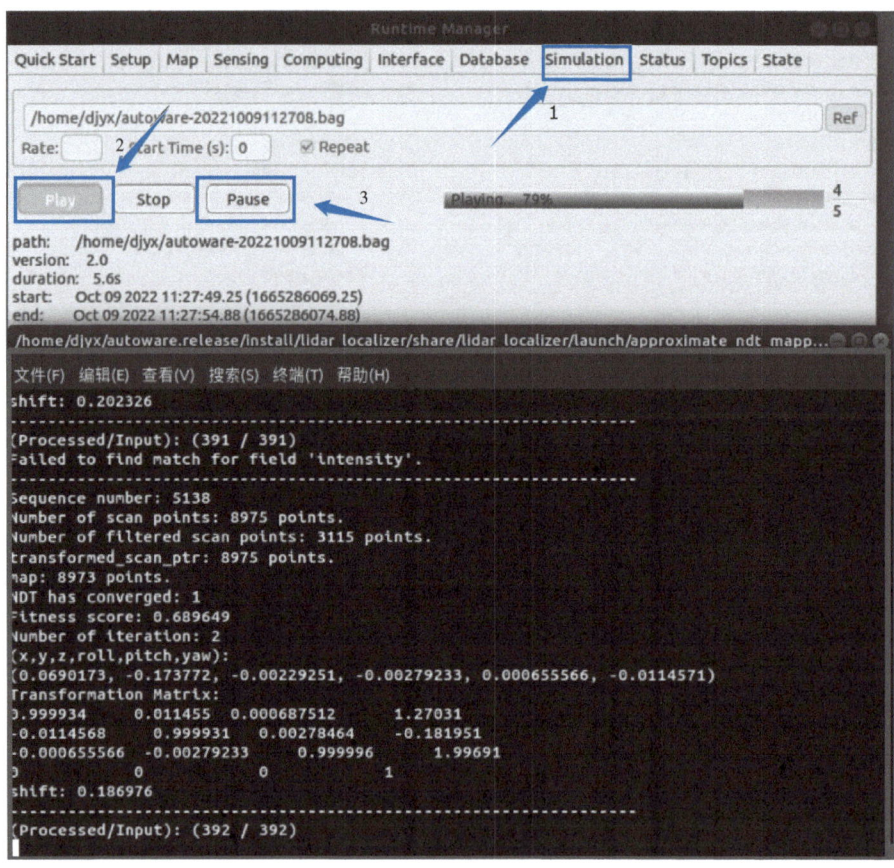

图 3-33　播放 bag 包

⑦等待数据播放结束,点击"Computing"下"ndt_mapping"右边的"app",打开后选择"Ref"为需要保存的路径,更改文件名,如图3-34所示。

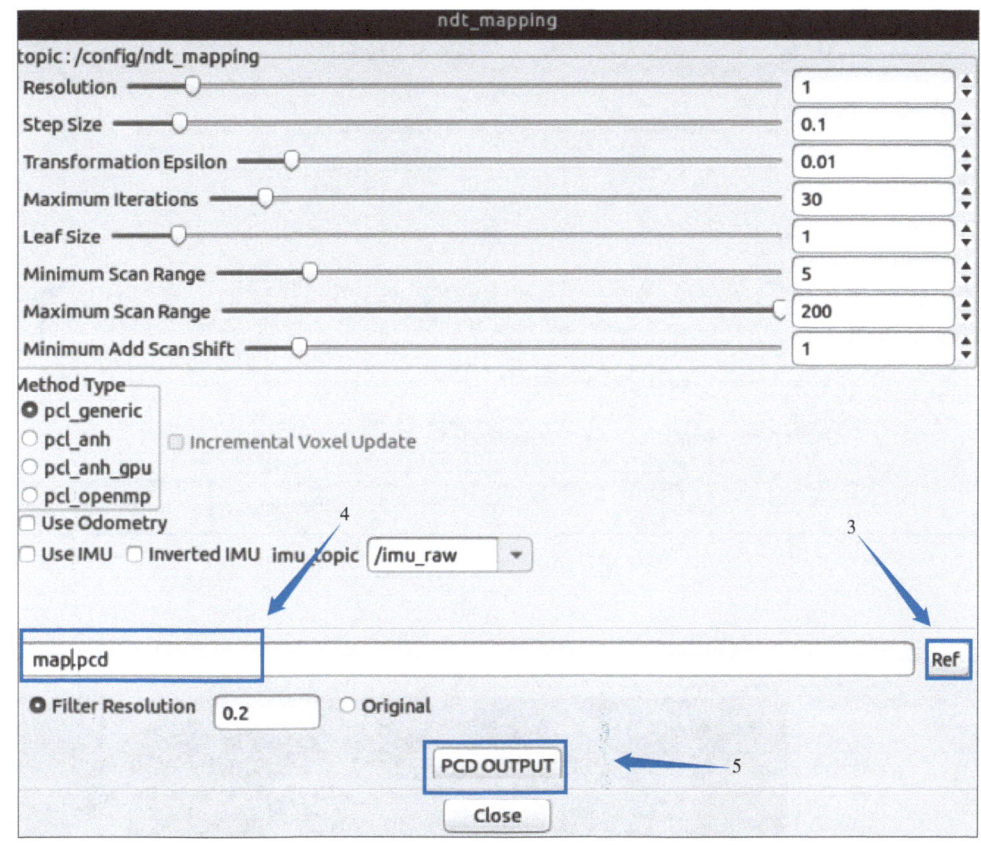

图3-34 生成点云地图

点击"PCD OUTPUT"输出PCD文件,在指定文件夹下面会出现对应文件。

(3)加载点云地图。

①在菜单栏"Map"下面的"Point Cloud"右边点击"Ref"选项加载之前导出的pcd地图,并点击"Point Cloud"加载地图,如图3-35所示。

②在同页面中找到"TF"选项加载路径为 autoware.ai/src/autoware/documentation/autoware_quickstart_examples/launch/tf_local.launch 的文件,并加载TF。

③打开"Rviz",如果没有出现可能是因为地图没有刷新,重新勾选左边话题列表中的"/Points_Map"选项,如图3-36所示。

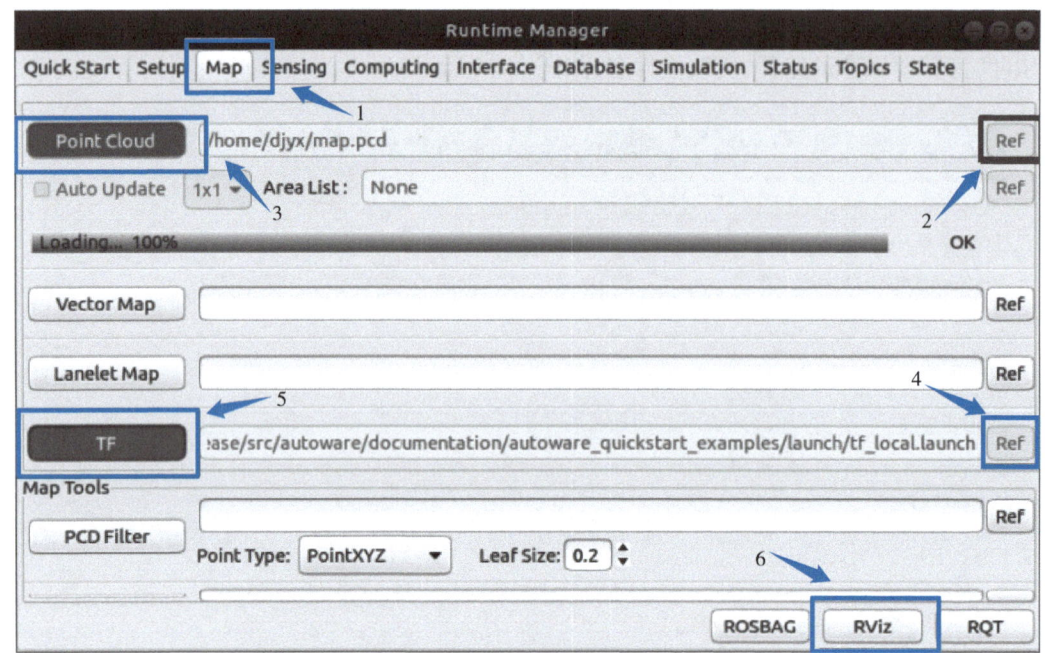

图 3-35　加载点云地图

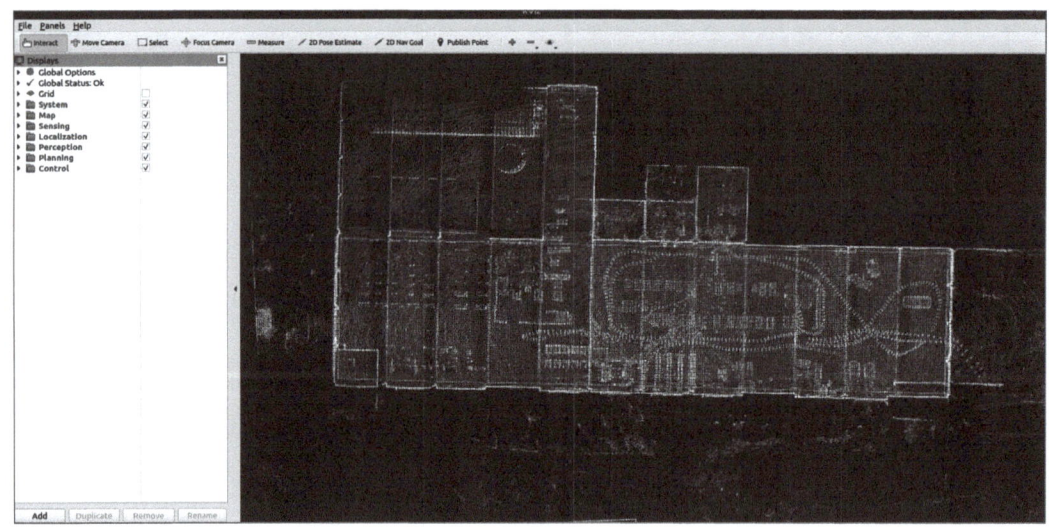

图 3-36　Rviz 显示地图

（4）实车定位。

①进入"Simulaton"页面，点击界面右上方"Ref"按钮，加载录制用于定位的 bag 文件，点击"Play"，然后点击"Pause"，如图 3-37 所示。

②在"Setup"菜单中，确保"Localizer"下选项为"Velodyne"，在"Baselink to Localizer"中设置好各参数之后点击"TF"按钮，其中 x、y、z、yaw、pitch、roll 表示真车雷达中心点与车身后轴中心点的相对位置关系（右手坐标系，真车后车轴为原点），如图 3-38 所示。

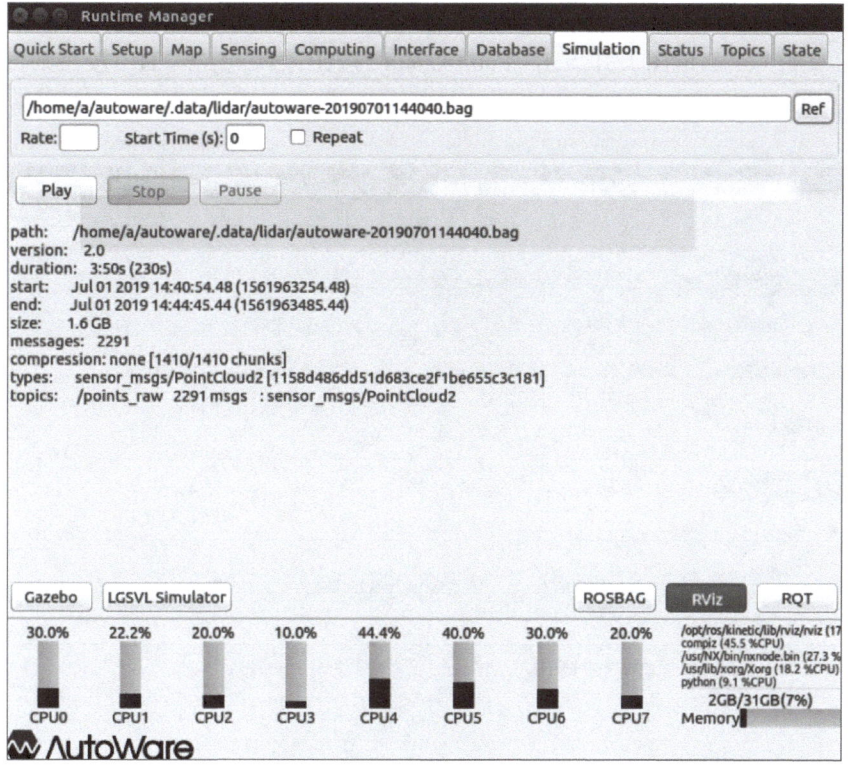

图 3-37 播放 bag 包

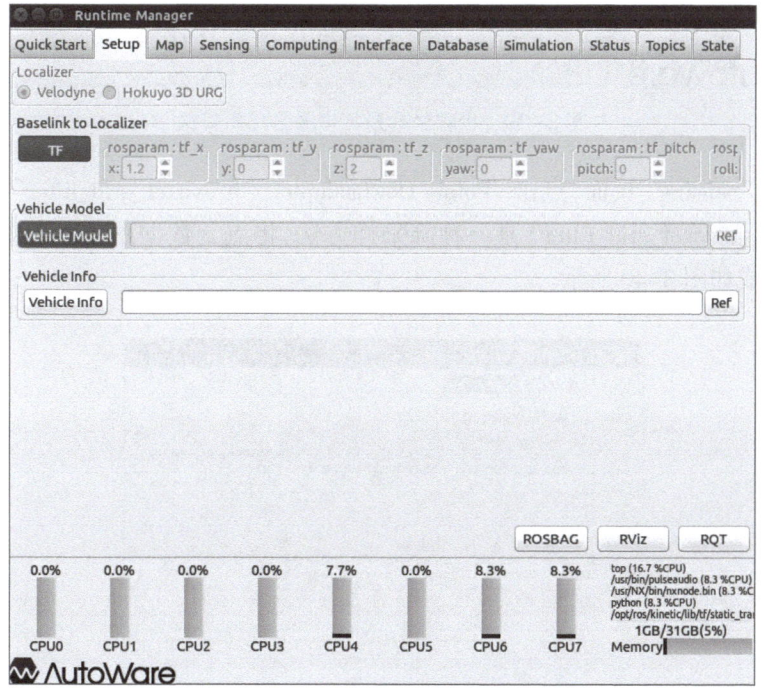

图 3-38 激光雷达与车身坐标系转换

③加载地图,选择"Map"菜单,点击"Point Cloud"按钮的"Ref",加载同一个 bag 地图的 .pcd 文件(点云地图),并点击"Point Cloud"按钮,然后点击"TF"按钮则加载完毕,如图 3-39 所示。

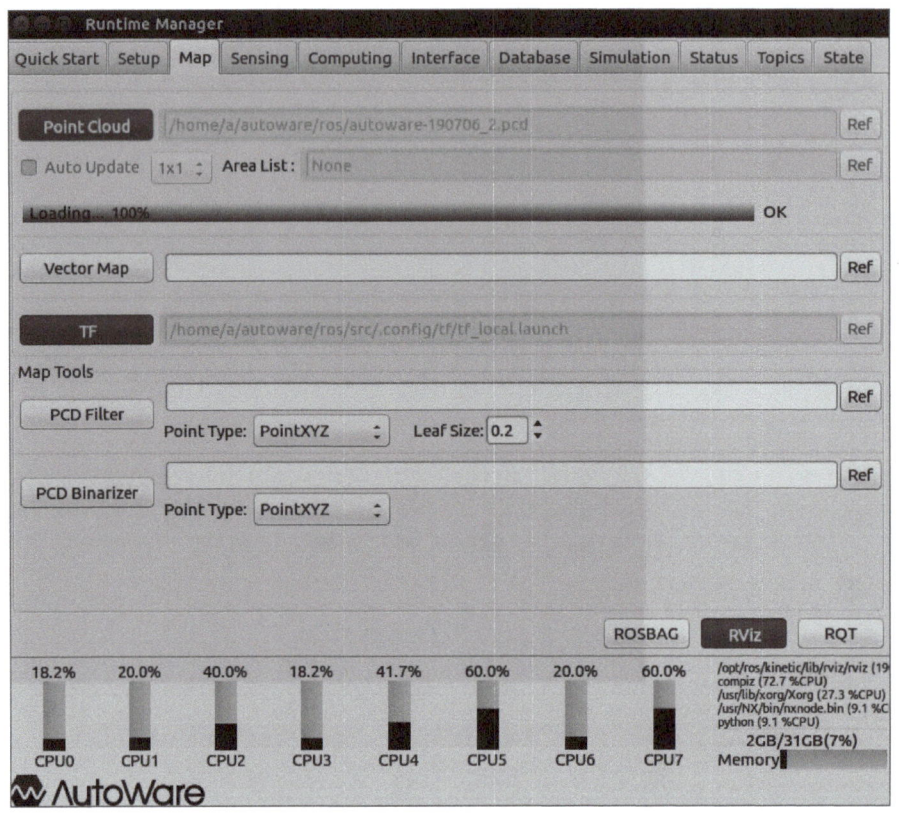

图 3-39　世界坐标系与地图坐标系转换

④选择"Sensing"页面,点击"Points Downsampler"下"voxel_grid_filter"的"app",设置一些参数。"voxel_grid_filter"是一种降采样方法,将点云数据用质心近似(用于降采样),设置完成如图 3-40 所示。

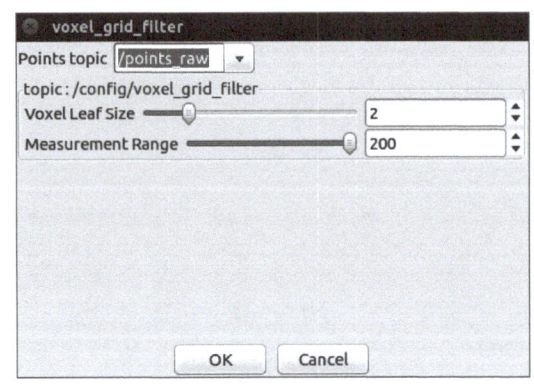

图 3-40　配置点云滤波参数

⑤找到"Computing"左菜单栏下的"ndt_matching"选项,打开"app",确保"topic:/config/ndt"选项处于"Initial_Pose"处,勾选"Initial Pos",设置完成如图 3-41 所示。

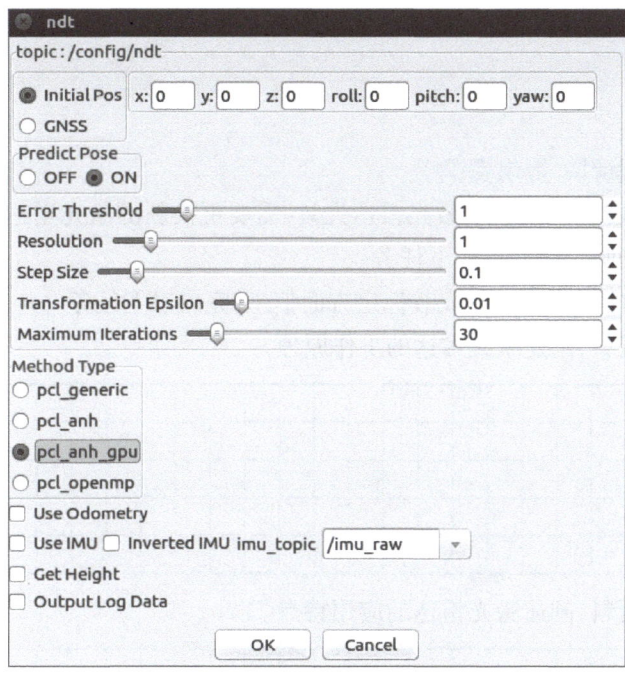

图 3-41　配置 ndt_matching

⑥打开"RViz",进入"Simulaton"页面,点击"Pause"。这时可以从 RViz 中看到带有激光雷达数据的汽车停在地图上,如图 3-42 所示。

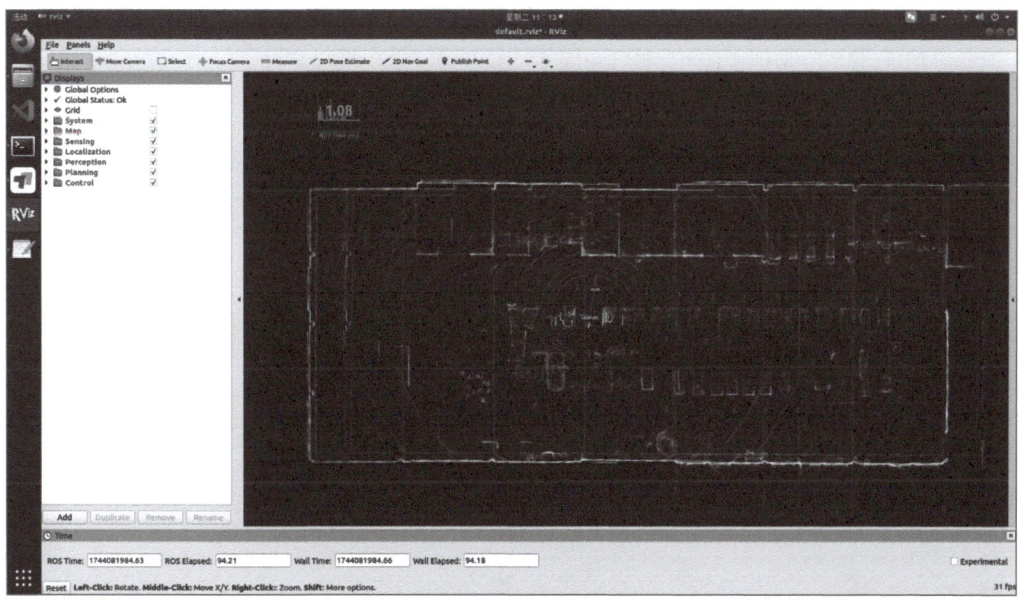

图 3-42　RViz 中显示定位结果

如果没有图 3-42 中效果,首先应该查看 /points_raw topic 是否有数据,如果没有可能是由于数据没发送出来。如果车辆不在相应位置上,那么点击"RViz"的工具"2D Pose Estimate"(绿色箭头)重新为车辆选择图 3-42 中的位置和方向,直到车辆定位成功。

学习任务

1. 信息(创设情境,提供资讯)

一辆智能网联汽车行驶中,激光雷达失效,需要更换新的激光雷达,那么激光雷达是如何安装和标定的呢?请完成如下任务。

独立工作:搜集激光雷达的安装标定方面信息,完成以下任务。

(1)请查阅资料,阐述激光雷达的工作原理。

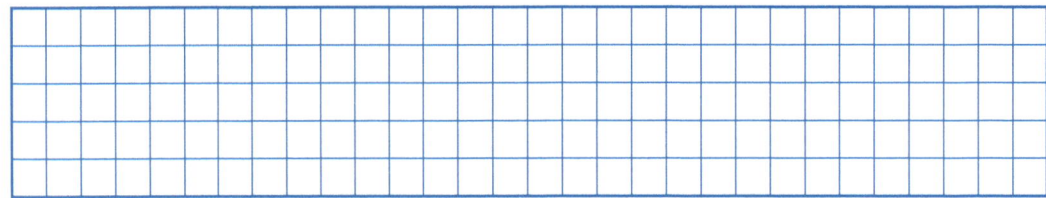

(2)请查阅资料,阐述激光雷达的应用特点。

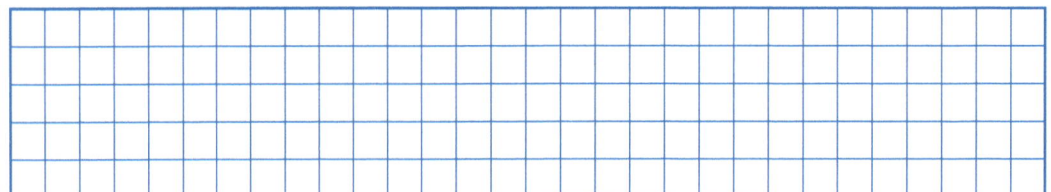

(3)请查阅资料,阐述激光雷达的结构。

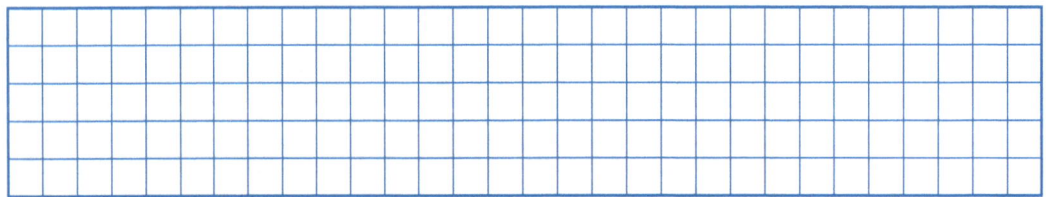

(4)请简述激光雷达的测距原理。

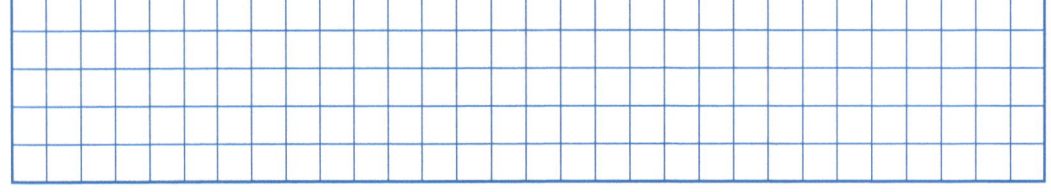

（5）写出激光雷达的主要参数。

（6）请查阅资料，说明激光雷达的安装位置、要求和标定工具使用方法。

2. 计划（分析任务，制订计划）

个人/小组工作：根据激光雷达的安装标定任务要求完成下列任务。

（1）根据前面激光雷达知识导航，拟定标定参数说明表。

序号	标定参数	实际值	参考值	是否合格
1				
2				
3				
4				
5				
6				
7				
8				

（2）根据激光雷达的安装标定任务，制定实施安装标定的步骤。

(3)请根据现场情况,列出激光雷达的安装标定全过程所需工具、材料清单。

序号	名称	型号	数量	规格
1				
2				
3				
4				
5				
6				
7				
8				

3. 决策(集思广益,作出决定)

个人/小组工作:根据激光雷达的安装标定要求,完成下列任务。

(1)参照相关技术文件,绘制各测量项目示意简图。

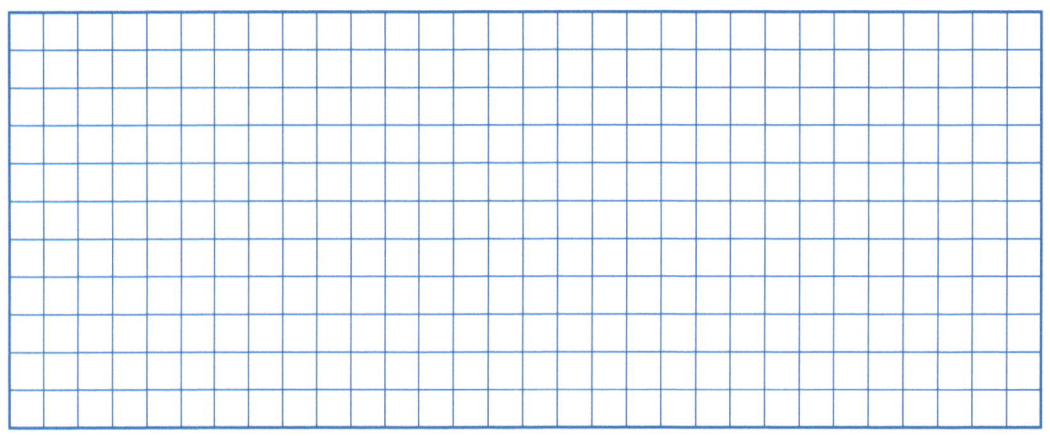

(2)参考工作计划模板,请设计激光雷达的安装标定项目小组工作计划表,确认成员分工及计划时间,并记录工作要点。

序号	工作计划	职责	人员	计划工时	备注
1					
2					
3					
4					
5					
6					
7					
8					

4. 实施（分工合作，沟通交流）

（1）小组工作：按工作计划实施激光雷达的安装标定项目。

序号	行动步骤	实施人员	实际用时	计划工时
1				
2				
3				
4				
5				
6				
7				
8				

（2）独立工作：选用合适的工具对激光雷达进行安装标定。在下表中记录常规检查的要点和结果。

步骤	检查关键点	测量方式	结果处理
1			
2			
3			
4			
5			
6			
7			
8			

5. 控制（查漏补缺，质量检测）

（1）个人/小组工作：明确检测要素，及整改措施。

序号	检测要素	技术标准	是否完成	整改措施

（2）小组工作：检查各小组的工作过程实施情况。

检查项目	检查结果			需完善点	其他
	个人检查	小组检查	教师检查		
工时执行					
5S执行					
质量成果					
学习投入					
获取知识					
技能水平					
安全、环保					
设备使用					
突发事件					

6. 评价（总结过程，任务评估）

（1）小组工作：总结任务收获、问题和改进措施，并征求意见。

- 收获

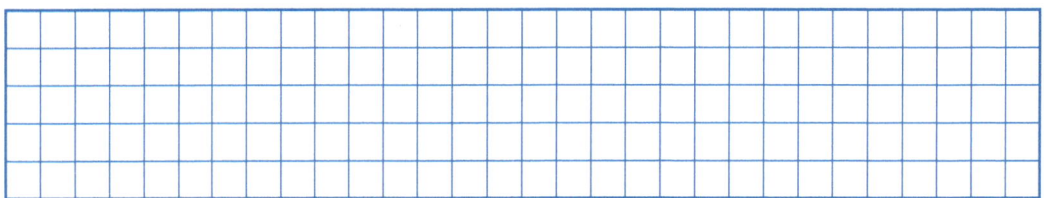

- 问题

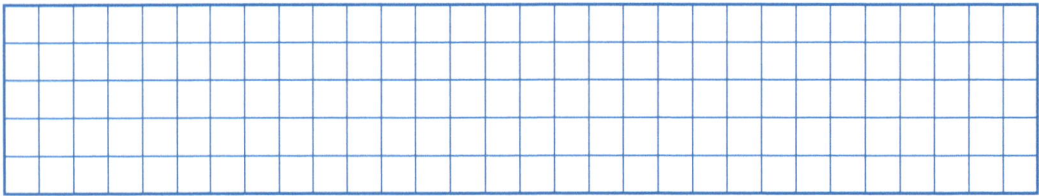

- 他人意见

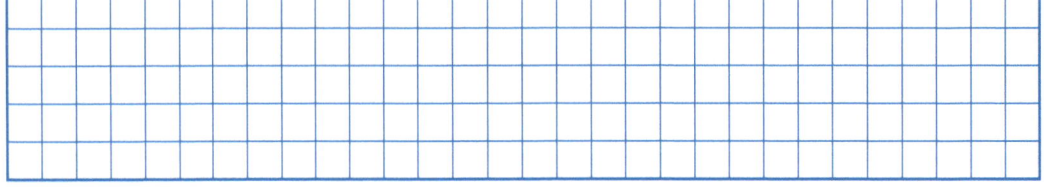

- 改进措施

（2）请小组之间按照评分标准进行工作过程自评和互评。

班级		组名		日期		
指标	评价要素			分数	自评	互评
信息检索	能否有效利用网络资源、工作手册查找有效信息			5		
	能否有条理地去解释、表述、应用所学知识			10		
感知工作	能否熟悉自己的工作岗位，认同工作价值			5		
	成员在工作中，是否获得成就感			5		
参与状态	与老师同学之间是否相互尊重、理解，平等、有效沟通			15		
	能否独立思考、倾听、协作分享			10		
学习方法	工作计划、操作技能是否符合规范要求			10		
	是否获得了进一步发展的能力			5		
工作过程	是否遵守管理规程，上课出勤和任务完成情况			10		
思维状态	是否能发现问题、分析问题、解决问题并有所创新			15		
自评反馈	能严肃认真地对待自评，并能独立完成自测题			10		
总分数				100		
简要评述						

（3）请教师按照评分标准对各小组进行任务工作过程总评。

班级		组名		姓名		出勤	
指标		评价要素		分数	评价标准		师评
一	信息	口述或书面梳理任务要点	1. 仪态自然、吐字清晰	15	仪态不自然、表述含糊扣5分		
			2. 工作页表述准确，思路清晰、层次分明		表述不准确、不清晰扣5分		
二	计划	拟定标定参数说明表并制定安装标定步骤	1. 标定参数拟定准确无误	15	表述思路或层次不清扣5分		
			2. 制定合理安装标定步骤		参数及步骤不合理扣5分		

续表

指标		评价要素	分数	评价标准	师评
三	决策	绘制示意图并制订检测计划	1. 绘制示意简图准确无误 2. 设计合理安装标定计划表	20	一处计划不合理扣2分,扣完为止	
四	实施	检修准备	1. 工具、电路图、辅材准备	2	每漏一项扣1分	
		安装、标定操作	2. 正确选择元件、工具及辅材	3	选择错误扣1分,扣完为止	
			3. 正确实施计划无失误（依据零件评分表）	15	与计划不符合视情况扣1分	
		现场	4. 在工作过程中保持5S,设备、工具、电路图、工位现场恢复整理	10	每出现一项扣1分,扣完为止	
五	控制	检查工作质量	正确读取和评估安装标定数据并正确分析安装标定结果	10	自我检测工作步骤并分析原因,错1项扣1分	
六	评价	工作过程评价	1. 自评	5		
			2. 互评	5		
		合计		100		

复习提高

1. 简述激光雷达的飞行时间法和三角测距法原理。

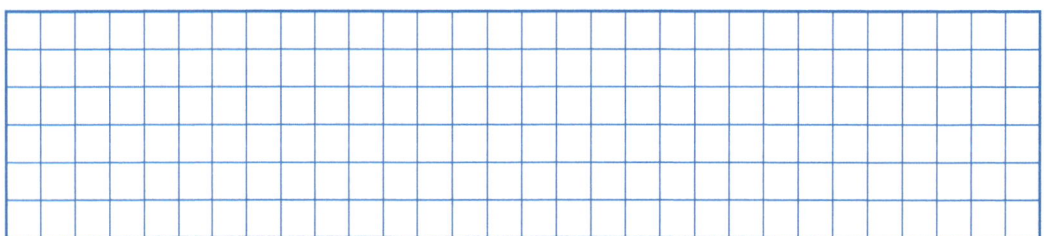

2. 激光雷达的优、缺点有哪些？

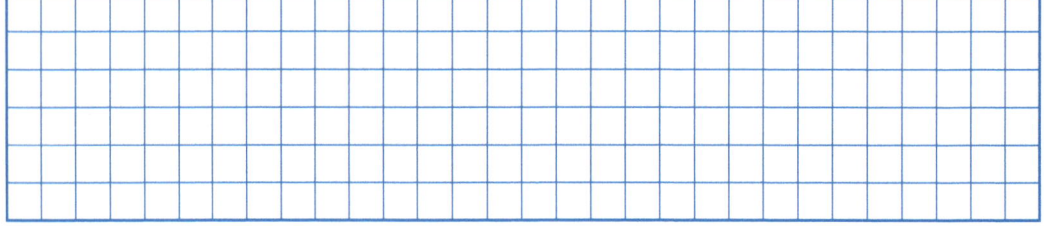

3. 简述 LSLIDAR-C16 激光雷达的安装注意事项。

4. 简述 LSLIDAR-C16 激光雷达使用步骤。

学习模块 4
视觉传感器的原理、安装与标定

基础知识　视觉传感器组成及原理

学习目标

知识目标
1. 了解视觉传感器的工作原理、硬件构成。
2. 了解视觉传感器的类型和特点。
3. 了解视觉传感器的主要参数。

能力目标
1. 能正确识别各类型视觉传感器。
2. 能熟练讲述视觉传感器的类型及原理

素养目标
1. 培养学生践行精益求精、追求卓越的工匠精神。
2. 培养学生勇于实践、解决问题的能力。
3. 培养学生团队协作、沟通交流的能力。

知识导航

　　智能网联汽车的视觉传感器是实现环境感知、自动驾驶的核心组件之一,它通过捕捉车辆周围环境的图像信息并进行实时处理来支持决策。这些传感器具有高分辨率、快速响应、适应性强等特点,能够在复杂多变的交通环境中提供可靠的视觉数据。它们广泛应用于疲劳驾驶检测、自适应巡航控制、车道保持辅助等,并且是实现高级别自动驾驶技术不可或缺的一部分。随着智能汽车技术的发展,视觉传感器正不断演进,为更加安全和高效的驾驶体验提供支持。

1. 视觉传感器的特点

视觉传感器的图像信息量极为丰富,尤其是彩色图像。在视野范围内可同时用于道路检测、车辆检测、行人检测、交通标志检测、交通信号灯检测等,信息获取范围广。视觉信息获取的是实时的场景图像,环境适应性强。视觉传感器应用广泛,在智能网联汽车中可以用于前视、后视、侧视、内视及环视。

2. 视觉传感器的主要参数

视觉传感器 CCD 和 CMOS 的主要参数有像素、帧率、靶面尺寸、感光度、信噪比和电子快门等。

(1) 像素:构成影像的最小单位,是视觉传感器的最小感光单位。像素越高,则图像传感器上的光敏元件数目越多,可以感测到更多的物体细节,因此图像就越清晰。

(2) 帧率:单位时间内所记录或播放的图片数量。

(3) 靶面尺寸:感光部分的大小。一般用 inch 来表示,通常这个数据指的是视觉传感器的对角线长度,如常见的有 1/3 inch,靶面越大,意味着通光量越好,而靶面越小则比较容易获得更大的景深。

(4) 感光度:入射光线的强弱。感光度越高,感光面对光的敏感度就越强,快门速度就越快。

(5) 信噪比:信号电压对于噪声电压的比值,单位为 dB。信噪比的典型值为 45~55 dB,信噪比越大说明视觉传感器对噪声的控制越好,图像质量越好。

(6) 电子快门:电子快门用来控制视觉传感器的感光时间,电子快门越快,感光度越低,越适合在强光下拍摄。

3. 视觉传感器的类型及原理

按照镜头数目和布置方式的不同,视觉传感器可以分为单目视觉传感器(单目摄像头)、双目视觉传感器(双目摄像头)、三目视觉传感器(三目摄像头)及环视视觉传感器(环视摄像头)。

1) 单目视觉传感器

单目视觉传感器的优点是成本低,能够识别具体障碍物的种类,识别准确度高;缺点是其识别原理导致其无法识别没有明显轮廓的障碍物,工作准确率与外部光线条件有关,并且受限于数据库,没有自学习功能。单目视觉传感器结构如图 4-1 所示。

图 4-1 单目视觉传感器

单目视觉传感器的测距方式分为两种：第一种是通过深度神经网络来预测深度，但这需要大量的训练数据。训练后的单目摄像头可以识别道路上最典型的参与者——人、汽车、摩托车，或是其他障碍物（垃圾桶之类），还能对识别到的物体进行距离估计。第二种是结合车辆的运动信息，用时序上的相邻帧进行"类双目视觉"的检测。

2）双目视觉传感器

双目视觉传感器测距就像人用双眼观察事物一样，主要利用同一时刻不同摄像头之间的视差对目标的深度进行测量。双目视觉传感器外观如图 4-2 所示。

相比于单目视觉传感器，双目视觉传感器的原理较为简单，不依赖于训练和学习，因此不需要庞大的训练集。双目视觉传感器依靠两个摄像头同时获得的两幅图像，计算物体在两幅图上的视差（同一物体在两幅图像中横坐标之差）就可以得到图像中的深度信息。

如图 4-3 所示，双目视觉传感器测距本质上是利用相似三角形原理，估算出双目视觉传感器系统与目标的距离信息。双目视觉传感器模块包含两个摄像机和两个镜头。两个摄像机在拍摄同一物体时，会得到该物体在相机成像平面的像素偏移量。根据像素偏移量 x、相机焦距 f 和两个视觉传感器的实际距离基线长 B 这些信息，根据数学换算即可得到物体的距离。

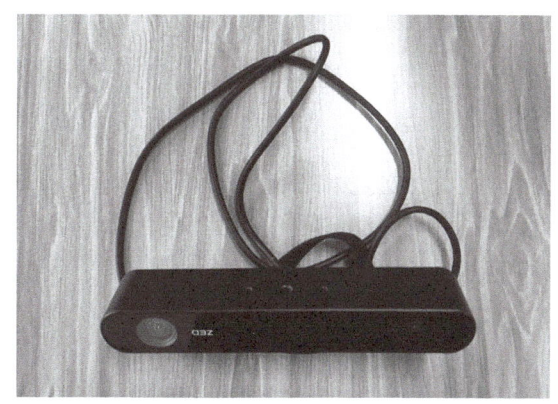

图 4-2　双目视觉传感器

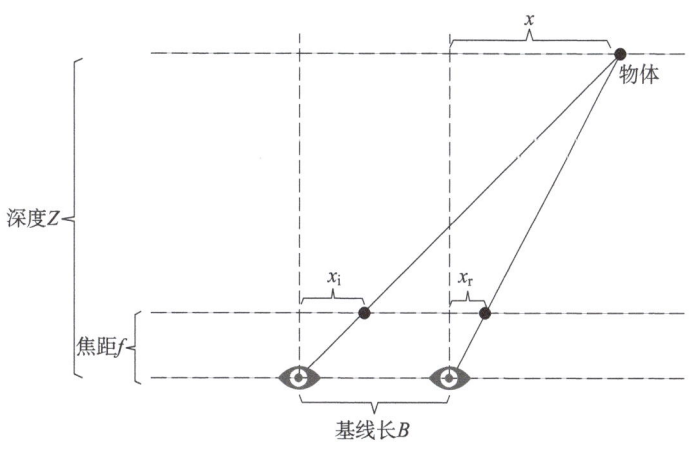

图 4-3　三角测距原理

双目视觉传感器特点：距离、角度测量精度高；对 AI 软件依赖程度较低；受雨雪天气影响较大；应用成本较高。

3）三目视觉传感器

由于单目视觉传感器和双目视觉传感器都存在某些缺陷，而三目视觉传感器感知范围更大，是三个不同焦距单目车载视觉传感器的组合，很多智能网联汽车采用了三目视觉传感器方案。比如特斯拉使用的就是三目视觉传感器，但同时要标定三个摄像头，工作量大。三目视觉传感器外观及感知范围如图 4-4 所示。

 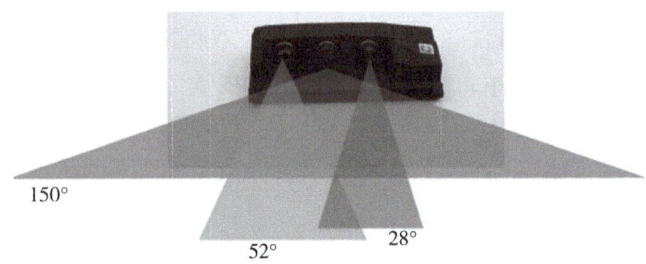

图 4-4　三目视觉传感器

4）环视视觉传感器

环视视觉传感器主要用于车辆 5～10 m 内的障碍物检测、自主泊车时的库位线识别，为了获得足够大的视野，一般都使用鱼眼摄像头，但鱼眼摄像头的图像畸变较为严重。环视视觉传感器一般至少由 4 个鱼眼摄像头组成。一般都朝向地面安装。环视视觉传感器外观如图 4-5 所示。

图 4-5　环视摄像头

学习情境　视觉传感器的安装标定

学习目标

知识目标

1. 了解视觉传感器的工作原理。
2. 掌握视觉传感器的作用。
3. 掌握视觉传感器安装注意事项。
4. 掌握视觉传感器标定的原理。

5. 掌握视觉传感器数据采集知识。
6. 掌握视觉传感器标定操作流程。

能力目标

1. 能够进行视觉传感器的正确安装。
2. 掌握视觉传感器的标定方法。
3. 能进行视觉传感器数据采集。
3. 能够熟练进行视觉传感器的标定操作。
4. 能够熟练操作 Ubuntu 系统。
5. 具备编程能力,熟练掌握至少一种编程语言(如 Python、C/C++ 等),能够编写解析数据程序。

素养目标

1. 树立效率意识、规范意识,培养人际沟通、团队合作的能力。
2. 培养爱岗敬业的职业道德和严谨务实的工作作风。
3. 培养自主学习的能力及制订工作计划、独立决策的能力。
4. 培养运用多方资源解决实际问题的能力。

知识导航

1. 视觉传感器安装

1)设备及工具

(1)单目视觉传感器 1 套;

(2)自动驾驶小车教学平台 1 套;

(3)安装工具 1 套。

2)安装操作步骤

(1)取出视觉传感器;

(2)安装视觉传感器主体,如图 4-6 所示。

注意事项:

(1)该教学平台安装位置为激光雷达正下方;

(2)视觉传感器安装前方位置应无遮挡;

(3)该教学平台安装角度为水平面安装,无倾斜角;

(4)根据不同应用要求,可调节视觉传感器安装角度,但是会失去部分长度。

图 4-6 视觉传感器安装位置

2. 视觉传感器数据采集

1)设备及工具准备

(1)网络视觉传感器 1 个;

(2)装有 Ubuntu 系统的笔记本电脑 1 台;

学习模块 4 视觉传感器的原理、安装与标定

（3）卷尺1个；

（4）标定板1块；

（5）以太网线1条；

（6）单目摄像头、双目摄像头、红外摄像头、工控机、显示器。

2）视觉传感器数据采集

（1）明确需要采集图像数据的目的和应用场景，并且选择合适的视觉传感器设备。

（2）设置视觉传感器的参数，并将设备固定在合适的位置，调整角度和方向，以获取所需的视野和覆盖范围。

（3）确保传感器与计算机之间的连接正常，使用如下命令启动单目摄像头驱动程序。

同时按住键盘"Ctrl+Alt+T"打开终端，输入"cd Documents/Camera/"回车后进入Camera软件功能包，输入"source devel/setup.bash"回车后刷新功能包，再输入"roslaunch usb_cam test.launch"回车后启动单目摄像头，如图4-7所示。

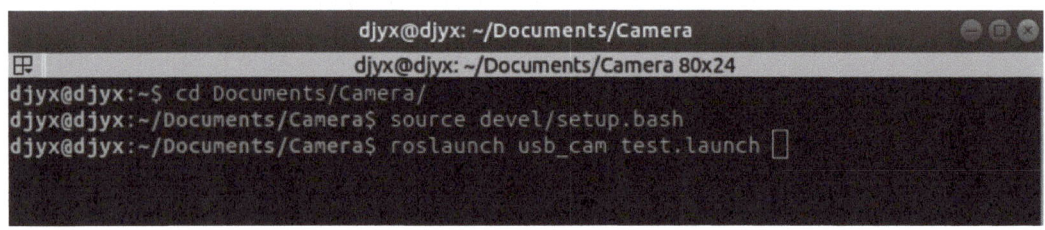

图4-7 启动单目摄像头命令

（4）摄像头启动后的效果查看需另起一个终端（同时按住键盘"Ctrl+Alt+T"打开终端）。在终端中输入"rviz"命令，按回车键，如图4-8所示，打开界面后点击左下角的"Add"按钮，再点击"By topic"按钮，选择"Image"，如图4-9所示。之后点击"OK"按钮，就可以看到摄像头启动效果，如图4-10所示。

（5）启动红外摄像头驱动程序。同时按住键盘"Ctrl+Alt+T"打开终端，输入"cd Documents/Camera/"回车后进入Camera功能包，再输入"source devel/setup.bash"回车后刷新功能包。同时，输入命令"roslaunch wangluo ir_camera.launch"回车后启动红外摄像头，如图4-11所示。

图4-8 rviz启动命令

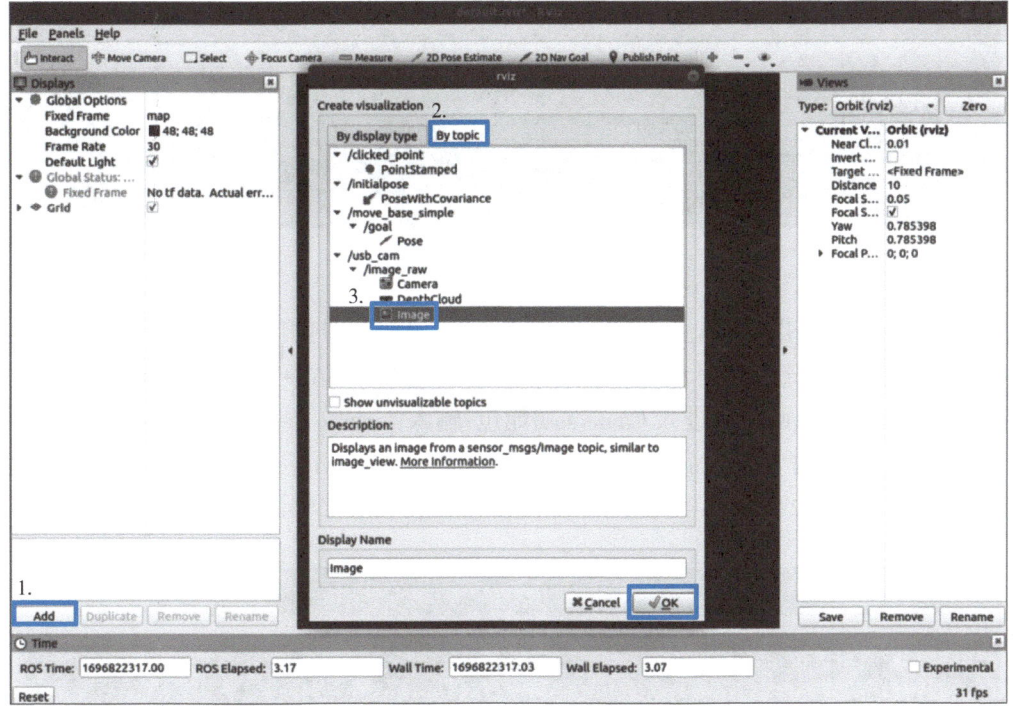

图 4-9 摄像头启动

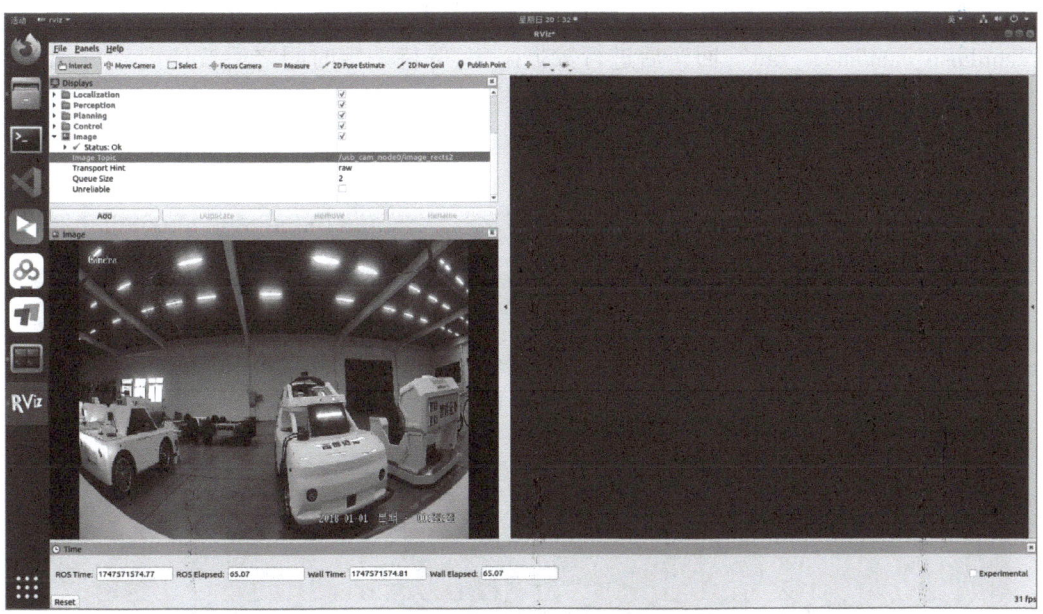

图 4-10 摄像头启动画面

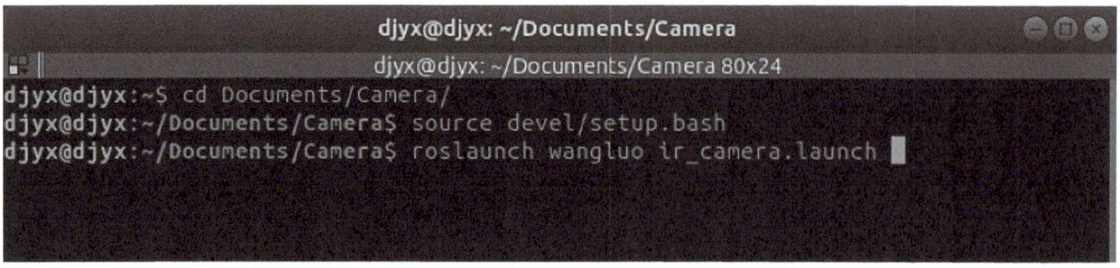

图 4-11 启动红外摄像头命令

（6）启动双目摄像头。同时按住键盘"Ctrl+Alt+T"打开终端,使用"roscore"命令回车后启动 ros 核心。另起终端(同时按住键盘"Ctrl+Alt+T"打开终端),使用"cd Documents/Camera/"回车后进入 Camera 功能包,输入"source devel/setup.bash",回车后刷新功能包。同时,输入"rosrun yolov5_ros detect_and_stereo_video_033.py",回车后启动双目摄像头,如图 4-12 所示。

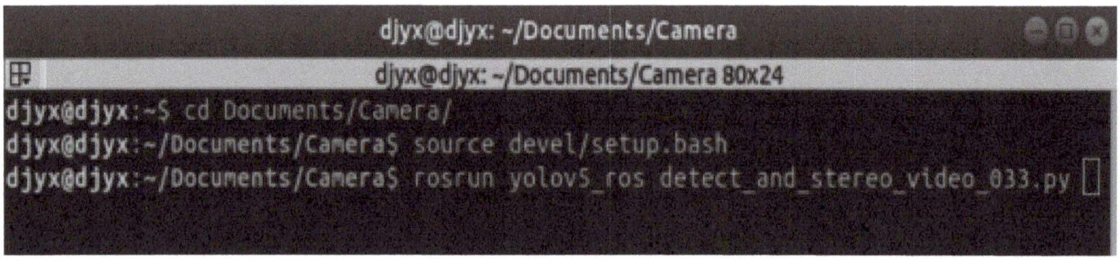

图 4-12 启动双目摄像头命令

（7）另起终端(同时按住键盘"Ctrl+Alt+T"打开终端),在终端中输入命令"rosbag record/usb_cam/image_raw",回车后进行数据采集,等待一定时间之后按住键盘"Ctrl+C"结束数据采集,采集的数据包名字会在终端显示,保存数据包的位置可以在主目录界面查看,如图 4-13、图 4-14 所示。

图 4-13 数据采集命令

图 4-14 结束采集

3. 视觉传感器的标定

任何一种传感器在装配完后都必须按设计指标进行全面严格的性能鉴定。使用一段时间后或经过修理后,都必须对其主要技术指标进行校准试验,以便确保传感器的各项性能指标达到要求。

传感器标定就是利用精度高一级的标准器具对传感器进行定度的过程,从而确立传感器输出量和输入量之间的对应关系。同时,也确定不同使用条件下的误差关系。工程测量中传感器的标定,应在与其使用条件相似的环境下进行。为获得高的标定精度,应将传感器及其配用的电缆(尤其像电容式、压电式传感器等)、放大器等测试系统一起标定。根据系统的用途,输入可以是静态的也可以是动态的。因此,传感器的标定有静态标定和动态标定两种。

视觉传感器标定,也称相机标定(Camera calibration),是指通过某种方式确定相机的内部参数和外部参数,以建立图像中的像素坐标与真实世界坐标之间的关系。内部参数包括相机的焦距、光心位置、畸变参数等,而外部参数则包括相机的位置和方向。相机标定的目的是建立相机成像过程的准确数学模型,使得从图像坐标到世界坐标的转换能够被精确计算,标定方法通常分为传统法、主动标定法和自标定法。本书中采用张正友标定法(被动标定法)对相机进行标定,它介于摄影标定法(传统标定法)和自标定法之间,属于一种非线性标定方法,是一种利用平面棋盘格进行的相机标定方法,也称棋盘格标定法,克服了摄影标定法需要的高精度三维标定物的缺点,同时又解决了自标定法鲁棒性差的问题。它的操作方式简单,仅需准备一张黑白相间的棋盘格,再利用相机从不同视角下拍摄的几组棋盘格图像,即可通过计算得到相机的内参及外参,标定参数见表4.1。

表4.1 相机标定参数

参数名称	参数表达式
内参	$\begin{pmatrix} f_x & 0 & u_0 \\ 0 & f_y & v_0 \\ 0 & 0 & 1 \end{pmatrix}$
外参	(R, T)
畸变系数	(k_1, k_2, p_1, p_2)

其中,f_x、f_y、u_0、v_0为相机内参,分别代表相机镜头的焦距和相机成像平面的主点坐标。R、T为相机外参,为相机在世界坐标系下的位置和姿态参数,通常用平移矩阵 T 和旋转矩阵 R 来表示。k_1, k_2, p_1, p_2分别为相机的径向畸变参数和切向畸变参数。径向畸变是由于镜头形状或光学系统的设计而引起的一种畸变,它分为两种主要类型:桶形畸变(Barrel Distortion)和枕形畸变(Pincushion Distortion)。切向畸变是由于相机光学组件的错位而引起的畸变,它通常分为水平切向畸变和垂直切向畸变。

1)设备及工具准备

单目摄像头,双目摄像头,工控机,显示设备及标定板等。

2）视觉传感器的标定

使用配备的标定板作为参考对象,在受控的环境中采集图像数据,如图4-15所示。标定板通常包含一组已知尺寸和位置的特征点或标记,作为相机的内外参数,确保采集到的图像具有足够的视角和覆盖范围,以涵盖实际应用场景中可能遇到的不同情况。

图4-15　标定板

3）标定操作步骤

（1）同时按住"Ctrl+Alt+T",打开终端。先输入"cd Documents/Camera",再输入"source devel/setup.bash",最后输入"roslaunch test.launch",启动摄像头程序,如图4-16所示。

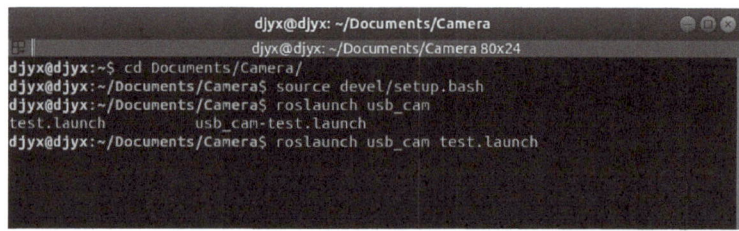

图4-16　启动摄像头程序

（2）启动相机内参标定程序。同时按住"Ctrl+Alt+T",打开终端输入"rosrun camera_calibration cameracalibrator.py --size 7×4 --square 0.05 image:=/image_raw camera:=/usb_cam --no-service-check",启动摄像头内参标定程序,如图4-17所示。

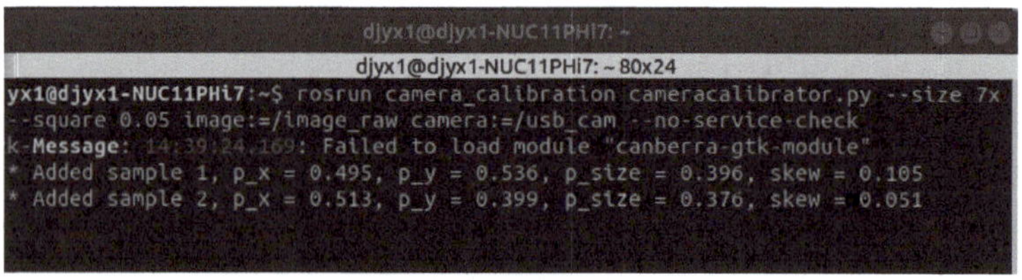

图4-17　启动相机内参标定程序

注：rosrun是ROS中用于运行节点的命令；camera_calibration是相机标定包的名称；cameracalibrator.py是执行相机标定的Python脚本；--size 7×4是标定板中角点的尺寸,

7×4 表示标定板有 7 个内角点列和 4 个内角点行；--square 0.05 是标定板方格的实际边长，以米为单位。在这个例子中，方格的边长是 0.05 m；image:= /image_raw rects：这指定了输入图像的话题名称，也就是要标定的图像源；camera:=/usb_cam：指定了相机的命名空间；--no-service-check 这个选项表示不检查相机服务是否可用。

（3）出现如图 4-18 所示采集图像页面，摄像头内参标定开始。

将标定板放置在不同的位置和姿态上，确保标定板在图像中的特征点能够充分展示其几何特征。可以使用不同角度、距离和旋转来布置标定板，以获取多样化的标定数据。具体操作：左右上下移动、旋转标定板，前后移动标定板，保证棋盘格在摄像头视线内。

图 4-18 采集图像

（4）出现如图 4-19 所示页面，图像采集完成。

点击"CALIBRATE"计算标定结果。

图 4-19 图像采集完成

（5）出现如图 4-20 所示页面，相机标定计算完成。点击"SAVE"，保存数据。

图 4-20　相机标定计算完成

（6）出现如图 4-21 所示页面，相机标定的计算结果已经保存在 /tmp/calibrationdata.tar.gz 路径中。

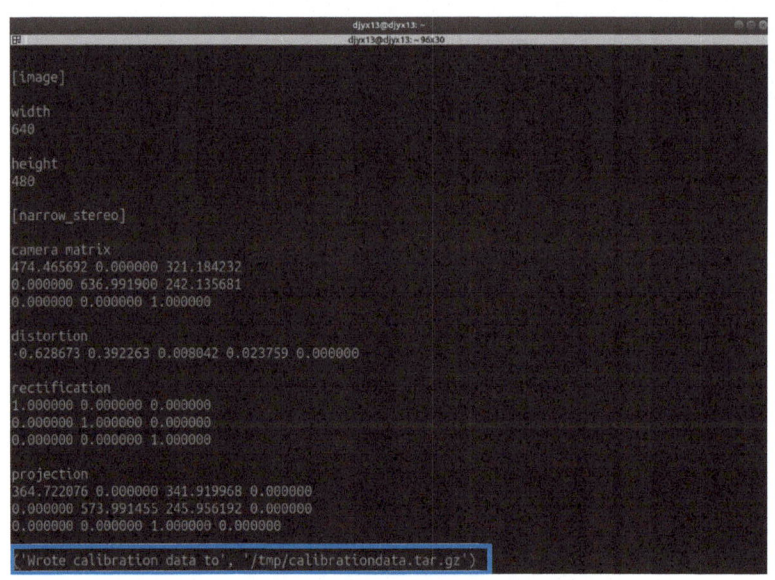

图 4-21　终端信息提示

（7）解压后获得 ost.yaml，可查看具体数据，其中 camera_matrix 为相机内参矩阵，distortion_coefficients 为相机畸变系数。

　　image_width: 640

　　image_height: 480

　　camera_name: narrow_stereo

　　camera_matrix:

rows: 3

cols: 3

data: [474.46569,　　0.　　　, 321.18423,

　　　　0.　　　, 636.9919 , 242.13568,

　　　　0.　　　, 0.　　　, 1.　　　]

distortion_model: plumb_bob

distortion_coefficients:

rows: 1

cols: 5

data: [−0.628673, 0.392263, 0.008042, 0.023759, 0.000000]

rectification_matrix:

rows: 3

cols: 3

data: [1., 0., 0.,

　　　0., 1., 0.,

　　　0., 0., 1.]

projection_matrix:

rows: 3

cols: 4

data: [364.72208,　　0.　　　, 341.91997, 0.　　,

　　　　0.　　　, 573.99146, 245.95619, 0.　　,

　　　　0.　　　, 0.　　　, 1.　　　, 0.　　]

学习任务

1. 信息（创设情境，提供资讯）

一辆智能网联汽车行驶中，视觉传感器失效，需要更换新的视觉传感器，那么视觉传感器是如何安装和标定的呢？请完成如下任务。

独立工作：搜集视觉传感器的安装标定方面信息，完成以下任务。

（1）请查阅资料，阐述视觉传感器的工作原理。

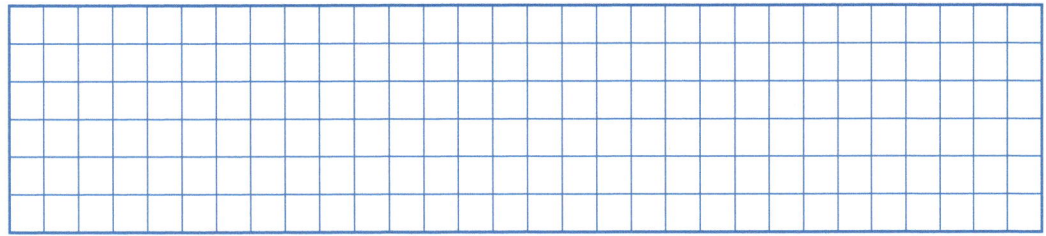

（2）请查阅资料，阐述视觉传感器的应用特点。

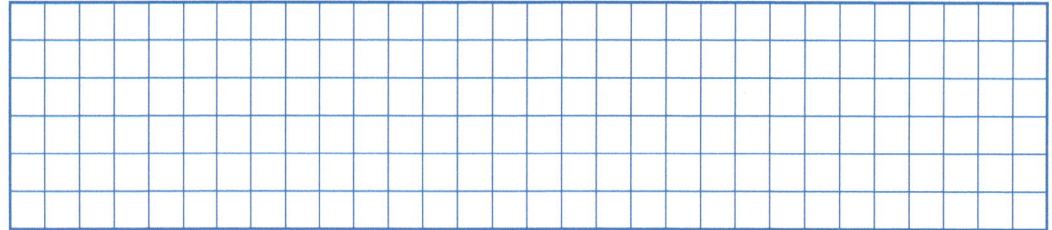

（3）请查阅资料，阐述视觉传感器的结构。

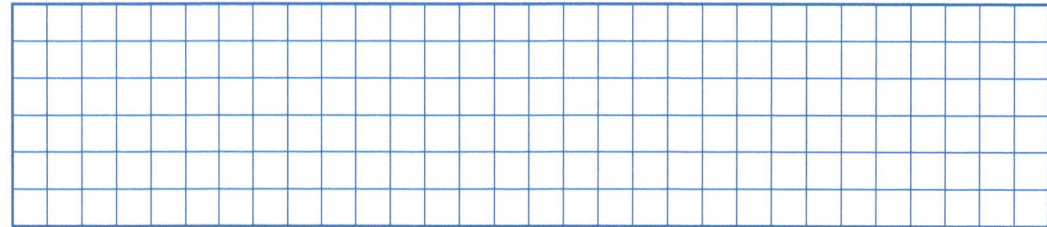

（4）请简述视觉传感器结构的测距原理。

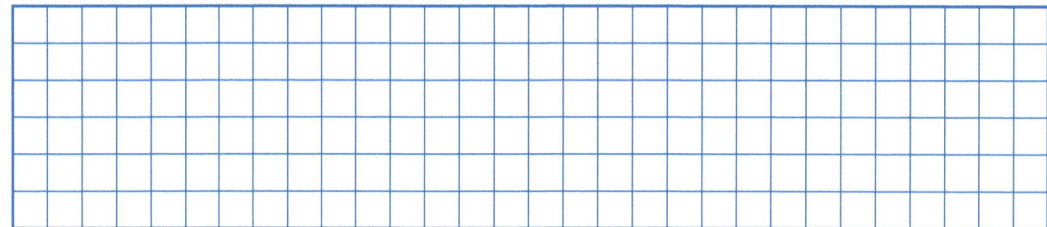

（5）写出视觉传感器的主要参数。

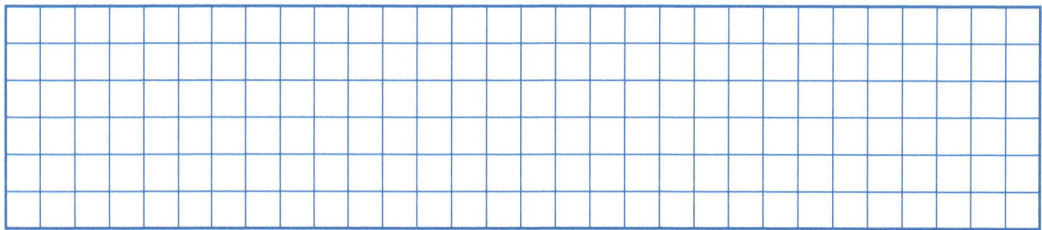

（6）请查阅资料，说明视觉传感器的安装位置和标定工具使用方法。

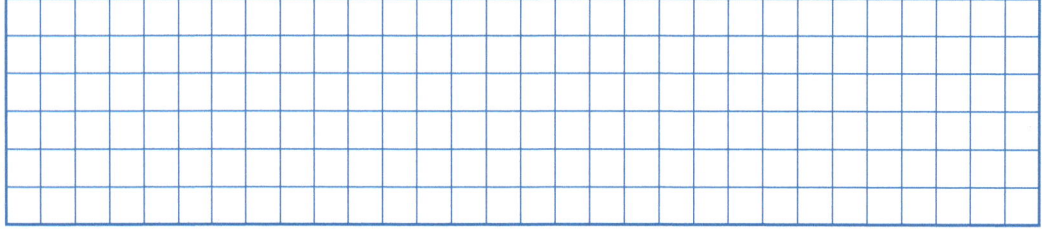

2. 计划（分析任务，制订计划）：

个人/小组工作：根据视觉传感器的安装标定任务要求，完成下列任务。

（1）根据视觉传感器知识导航，拟定标定参数说明表。

序号	标定参数	实际值	参考值	是否合格
1				
2				
3				
4				
5				
6				
7				
8				

（2）根据视觉传感器的安装标定任务，制定实施安装标定的步骤。

（3）请根据现场情况，列出视觉传感器的安装标定全过程所需工具、材料清单。

序号	名称	符号	型号	数量	规格
1					
2					
3					
4					
5					
6					
7					
8					

3. 决策（集思广益，作出决定）

个人/小组工作：根据视觉传感器的安装标定要求完成下列任务。

（1）参照相关技术文件，请绘制各装调、标定项目示意简图。

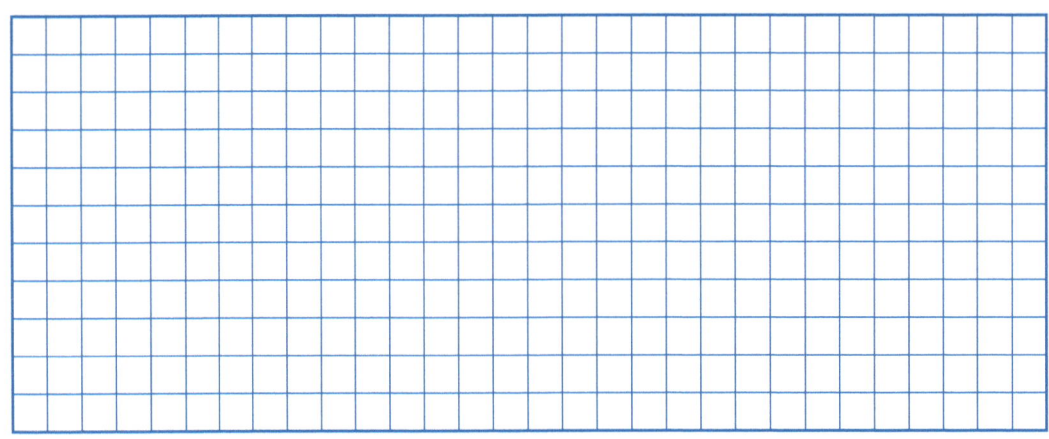

(2)参考工作计划模板,请设计视觉传感器的安装标定项目小组工作计划表,确认成员分工及计划时间,并记录工作要点。

序号	工作计划	职责	人员	计划工时	备注
1					
2					
3					
4					
5					
6					
7					
8					

4. 实施(分工合作,沟通交流)

(1)小组工作:按工作计划实施视觉传感器的安装标定项目。

序号	行动步骤	实施人员	实际用时	计划工时
1				
2				
3				
4				
5				
6				
7				
8				

(2)独立工作:选用合适的工具对视觉传感器进行安装标定。在下表中记录常规检查的要点和结果。

步骤	装调关键点	检查方式	结果处理
1			
2			
3			
4			
5			
6			
7			
8			

5. 控制（查漏补缺，质量检测）

（1）个人/小组工作：明确检测要素，及整改措施。

序号	检测要素	技术标准	是否完成	整改措施

（2）小组工作：检查各小组的工作过程实施情况。

检查项目	检查结果			需完善点	其他
	个人检查	小组检查	教师检查		
工时执行					
5S 执行					
质量成果					
学习投入					
获取知识					
技能水平					
安全、环保					
设备使用					
突发事件					

6. 评价（总结过程，任务评估）

（1）小组工作：总结任务收获、问题和改进措施，并征求意见。

- 收获

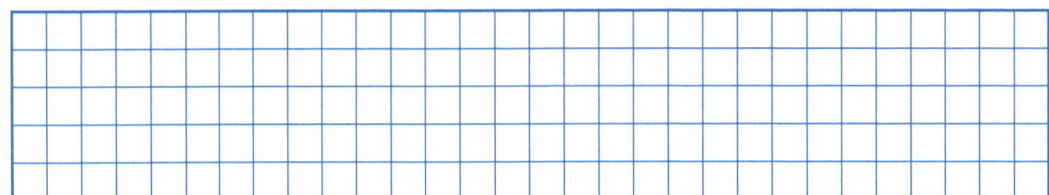

- 问题

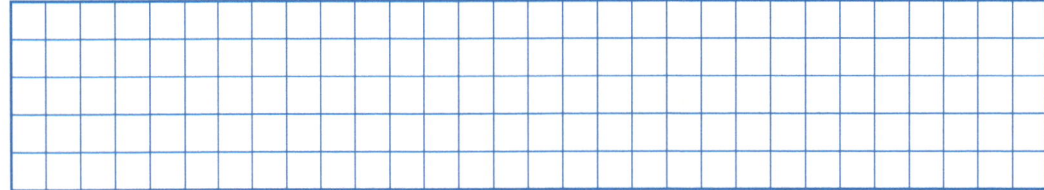

- 他人意见

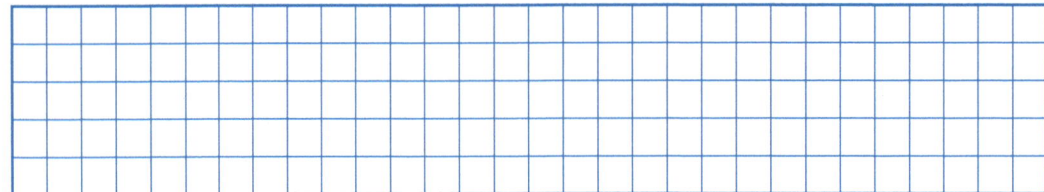

- 改进措施

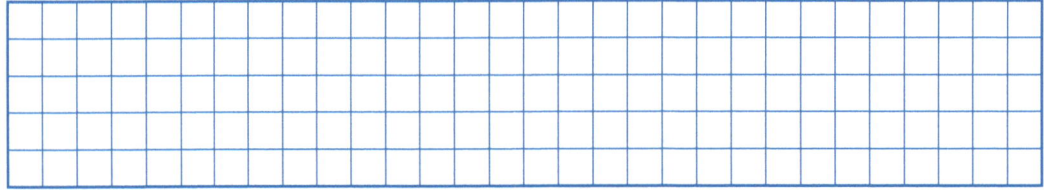

（2）请小组之间按照评分标准进行工作过程自评和互评。

班级		组名		日期		
指标	评价要素			分数	自评	互评
信息检索	能否有效利用网络资源、工作手册查找有效信息			5		
	能否有条理地去解释、表述、应用所学知识			10		
感知工作	能否熟悉自己的工作岗位，认同工作价值			5		
	成员在工作中，是否获得成就感			5		
参与状态	与老师同学之间是否相互尊重、理解，平等、有效沟通			15		
	能否独立思考、倾听、协作分享			10		

续表

指标	评价要素	分数	自评	互评
学习方法	工作计划、操作技能是否符合规范要求	10		
	是否获得了进一步发展的能力	5		
工作过程	是否遵守管理规程,上课出勤和任务完成情况	10		
思维状态	是否能发现问题、分析问题、解决问题并有所创新	15		
自评反馈	能严肃认真地对待自评,并能独立完成自测题	10		
总分数		100		
简要评述				

（3）请教师按照评分标准对各小组进行任务工作过程总评。

班级		组名		姓名		出勤	
指标		评价要素		分数	评价标准		师评
一	信息	口述或书面梳理任务要点	1. 仪态自然、吐字清晰	15	仪态不自然、表述含糊扣5分		
			2. 工作页表述准确,思路清晰、层次分明		表述不准确、不清晰扣5分		
二	计划	拟定标定参数说明表并制定安装标定步骤	1. 标定参数拟定准确无误	15	表述思路或层次不清扣5分		
			2. 制定合理安装标定步骤		参数及步骤不合理扣5分		
三	决策	绘制示意图并制订检测计划	1. 绘制示意简图准确无误 2. 设计合理安装标定计划表	20	一处计划不合理扣2分,扣完为止		
四	实施	检修准备	1. 工具、电路图、辅材准备	2	每漏一项扣1分		
		安装、标定操作	2. 正确选择元件、工具及辅材	3	选择错误扣1分,扣完为止		
			3. 正确实施计划无失误（依据零件评分表）	15	与计划不符合视情况扣1分		
		现场	4. 在工作过程中保持5S,设备、工具、电路图、工位现场恢复整理	10	每出现一项扣1分,扣完为止		
五	控制	检查工作质量	正确读取和评估安装标定数据并正确分析安装标定结果	10	自我检测工作步骤并分析原因,错1项扣1分		
六	评价	工作过程评价	1. 自评	5			
			2. 互评	5			
			合计	100			

复习提高

1. 简述视觉传感器的特点。

2. 视觉传感器的主要指标有哪些？

3. 视觉传感器的类型有哪些？

学习模块 5
组合导航的原理、安装与标定

基础知识 组合导航组成及原理

学习目标

知识目标
1. 掌握 GPS、惯性导航系统组成及原理。
2. 掌握 RTK 定位系统工作原理和特点。
3. 掌握组合导航系统工作原理和硬件构成。

能力目标
1. 能准确描述组合导航系统硬件组成。
2. 能准确描述组合导航、GPS 定位、RTK 定位原理特点。

素养目标
1. 培养学生树立科技报国的远大理想。
2. 培养学生树立数据安全意识,理解数据安全对国家和社会的重要性。
3. 培养学生严谨细致、认真负责的工作态度。

知识导航

1. GPS 全球定位系统

GPS 卫星组的 24 颗卫星在离地面 2.02×10^4 km 的高空,以 12 h 的周期环绕地球运行,使得在任意时刻,用户在地面上的任意一点都可以同时观测到 4 颗以上的卫星。

1)GPS 全球定位系统工作原理

GPS 全球定位系统采用卫星基本三角定位原理,以 GPS 接收装置测量无线电信号的传输时间来测量距离。由于每颗卫星的位置精确可知,在 GPS 观测中,利用 3 颗卫星到接收机的距离及三维坐标中的距离公式就可以组成 3 个方程式,解出观测点的位置坐标

(X,Y,Z)。考虑到卫星的时钟与接收机时钟之间的误差,实际上有 4 个未知数,X、Y、Z 和钟差,因而需要引入第 4 颗卫星,形成 4 个方程式进行求解,从而得到观测点的经纬度和高程。

事实上,接收机往往可以锁定 4 颗以上的卫星,这时,接收机可将卫星按卫星的星座分布分成若干组,每组 4 颗,然后通过算法挑选出误差最小的一组用作定位,从而提高精度。

由于卫星运行轨道、卫星时钟存在误差,大气对流层、电离层对信号的影响,使得民用 GPS 的定位精度最多只有 5 m。

2）GPS 全球定位系统特点

（1）能全球、全天候实现实时定位。

（2）覆盖范围广,能覆盖全球 98% 的范围。

（3）定位精度高,相对精度可达 6~10 m。

（4）观测时间短,静态定位观测效率高。

（5）可提供全球统一的三维地心坐标,可同时精确测定用户位置和高程。

（6）应用广泛。

GPS 定位在使用中有着成本低的优势,但需要在天空无遮挡环境下才能定位,且定位精度仅为米级,可进一步提高至厘米级。

2. RTK 定位技术（差分 GPS）

为提高 GPS 定位精度,通常采用差分 GPS 技术,差分 GPS 通常有位置差分和距离差分两种。其中距离差分又分为两类,即伪距差分和载波相位差分。RTK（Real-Time Kinematic）技术就是采用实时动态载波相位差分技术,如百度、小马等均采用这项技术。RTK 定位技术是实时处理两个基站载波相位观测值的差分方法,即将基准站采集的载波相位发送给用户接收机,通过求差解算得到坐标,如图 5-1 所示。

差分 GPS 技术,通过建立基准站（固定站）进行 GPS 观测,利用已知的基准站精确坐标,与观测值进行比较,从而得出一修正数,并对外发布。移动站（流动站,如无人驾驶汽

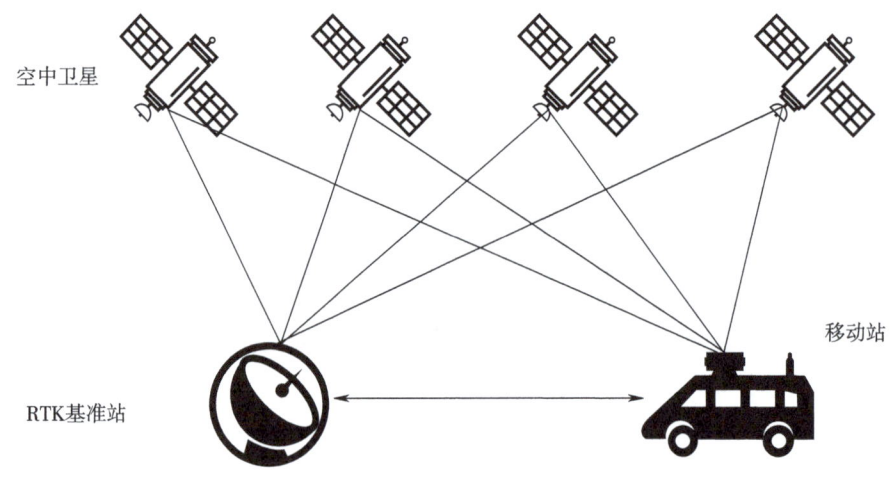

图 5-1 RTK 定位技术

车)收到该修正数后,与自身的观测值进行比较,消去大部分误差,得到一个比较准确的位置。利用差分 GPS 技术,定位精度可提高到厘米级。

在 RTK 定位模式下,基准站通过数据链将其观测值和基准站坐标信息一起传送给移动站。移动站不仅通过数据链接收来自基准站的数据,还要采集 GPS 观测数据,并在系统内组成差分观测值进行实时处理,同时给出厘米级定位结果,历时不足 1 s。移动站可处于静止状态,也可处于运动状态,可在固定点上先进行初始化后再进入动态作业,也可在动态条件下直接开机,在动态环境下完成整周模糊度的搜索求解。在整周未知数解固定后,即可进行每个历元的实时处理,只要能保持 4 颗以上卫星相位观测值的跟踪,移动站就可随时给出厘米级定位结果。

RTK 定位需要使用 GPS 卫星信号定位,定位精度高,需要移动站和基站进行实时通信,但基站距离移动站距离不能太远(最好 5 km 以内),使用成本也较高。

3. 组合导航技术

1)全球导航卫星系统

全球导航卫星系统(GNSS),是能在地球表面或近地空间的任何地点为用户提供全天候的三维坐标和速度以及时间信息的空基无线电导航定位系统,是对能够实现全球覆盖的卫星导航系统的统称。全球导航卫星系统包括中国的北斗卫星导航系统(BDS)、美国的全球定位系统(GPS)、俄罗斯的格洛纳斯卫星导航系统(GLONASS)和欧盟的伽利略卫星导航系统(GALILEO)。其中 GPS 是世界上第一个建立并用于导航定位的全球系统,能提为车辆供米级的绝对定位,差分 GPS 可以为车辆提供精度为厘米级的绝对定位,但 GPS 的更新频率低(10 Hz),在车辆快速行驶时很难给出精准的实时定位。除此之外,在隧道或者建筑物遮挡严重的区域,不能实时获得良好的 GPS 信号。因此,必须借助其他传感器来辅助定位,提高定位的精度。其中最常用的就是惯性传感器(IMU)。

2)惯性导航系统

惯性导航系统(INS)是一种自主式导航技术,它通过内置的陀螺仪和加速度计测量车辆在惯性参考系中的角速度与加速度,并经过积分运算得到偏航角、速度及位置等信息,从而实现对车辆运动状态的精确感知。由于其工作原理遵循牛顿力学定律,不依赖外部信息输入,也不向外界辐射能量,因此能在包括空中、地面乃至水下的多种环境中稳定工作,特别适合于 GPS 信号不佳或缺失的情况(如隧道、地下停车场或密集城市、峡谷中)。尽管 INS 具有完全自主的位置感知与导航能力,但其累积误差会随时间增加,且相对成本较高。在智能网联汽车中,INS 常与其他传感器(如 GPS、视觉传感器等)融合使用,以增强系统的鲁棒性和准确性,应用在高精度定位与姿态控制的关键领域。通过这种多传感器数据融合的方式,可以有效提升驾驶的安全性与舒适性。这种系统是自主式导航的重要形式,为用户提供了可靠且连续的导航信息。

3)组合导航

每种导航系统(惯性导航、无线电导航、天文导航或卫星导航)都有各自的独特性能和局限性。把几种不同的系统组合在一起,多种信息源互相补充,将多个导航传感器的信息加以综合和最优化数学处理,然后综合输出导航结果,可以构成一种有冗余度和导航准确度更高的多功能系统。组合导航系统是以计算机为中心,将惯性导航、无线电导航、天文导航或卫星导航等两种或多种系统组合在一起,形成的一种综合导航系统。

(1)组合导航的优点。

①极大丰富卫星信号源,增加观测量,提高卫星星座的几何结构,提高导航定位的精确性。

②弥补了单一卫星信号体制的人为干扰,多卫星信号组合更容易探测和诊断某类卫星信号的干扰,并及时予以排除,提高导航系统的安全性。

③多导航卫星信号误差具有互补性,可以弥补单一卫星信号的系统误差(单一卫星导航系统易受卫星轨道误差、卫星钟差等系统误差影响,在多种卫星体制中,单类卫星的系统误差有可能成为偶然误差,各类卫星的系统误差具有相互抵偿性)。

(2)GPS/INS组合。惯性导航系统(INS)能够提供移动载体的实时位置和姿态信息,是完全自主的导航方式,但是INS导航定位误差随时间累加而越来越大。20世纪末发展起来的全球卫星定位系统(GPS)具有定位和测速精度高的优势,且基本不受时间、地区的限制,已经得到了广泛应用。但是,在卫星信号受到屏蔽或遮挡时,接收机就无法定位。二者的组合不仅可以充分发挥各自的优势,而且随着组合程度的加深,GPS/INS组合系统的总体性能不低于各自独立系统,如图5-2所示。

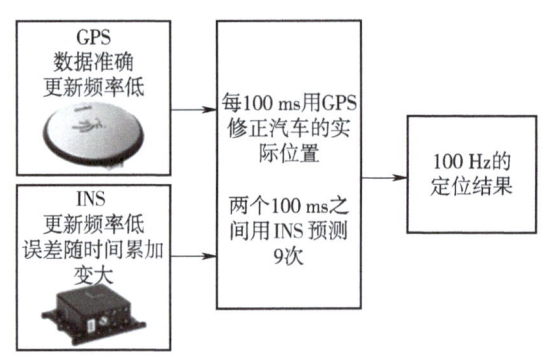

图 5-2　GNSS / INS 组合

INS相对于GPS来说虽然定位误差会随着运行时间增长,但由于其是高频传感器,在短时间内可以提供稳定的实时位置更新。因此我们可以将两种传感器信号进行融合,各取所长,兼具两种传感器的优点,通过组合导航就可以得到比较实时与精准的定位。

(3)GNSS / INS 组合。GNSS / INS 组合导航可以控制 INS 误差积累,降低系统对惯性器件精度的依赖,进而降低整个系统成本;可发现并标校惯导系统误差,提高导航精度;可弥补卫星导航的信号缺损问题,提高导航连续性;可提高卫星导航载波相位的模糊度搜索速度,提高导航信号周跳的检测能力,提高组合导航可靠性;可提高接收机对信号的捕获能力,提高导航效率;可增加观测冗余度,提高异常误差的监测能力,以及提高系统的容错功能;可提高导航系统的抗干扰、抗欺骗能力,提高系统完好性。

学习情境　组合导航的安装标定

学习目标

知识目标：
1. 掌握 GPS 定位系统工作原理。
2. 掌握 RTK 定位系统工作原理。
3. 掌握 IMU 定位工作原理。
4. 掌握组合导航系统工作原理。
5. 掌握组合导航系统硬件构成。

能力目标：
1. 能准确搭建组合导航系统硬件。
2. 能完成组合导航系统 GPS 定位设置。
3. 能完成组合导航系统 RTK 定位设置。
4. 能通过计算机软件，获取组合导航系统的高精度定位信息、姿态信息。

素养目标：
1. 树立效率意识、规范意识，培养人际沟通、团队合作的能力。
2. 培养爱岗敬业的职业道德和严谨务实的工作作风。
3. 培养自主学习的能力及制订工作计划、独立决策的能力。

知识导航

1. 组合导航装配

1）设备及工具准备

（1）组合导航 1 套；

（2）自动驾驶小车教学平台 1 套；

（3）安装工具 1 套；

（4）标准 12 V 直流电压适配器，USB 转 RS232 串口线、CAN 线、十字螺丝刀、金属板、万用表、电脑或者工控机。

2）操作步骤

组合导航的组成部件如图 5-3 所示，数据线接口定义如图 5-4 所示。其中数据线接口包含了 3 个 RS232 串口、一个 CAN 接口、一个 SMA 接口、一个 RJ45 接口、一个供电接口。

（1）取出组合导航，如图 5-5 所示。

（2）取出两套三星七频蘑菇头天线，将天线、支撑柱、磁性吸盘组装在一起，如图 5-6、图 5-7 所示。

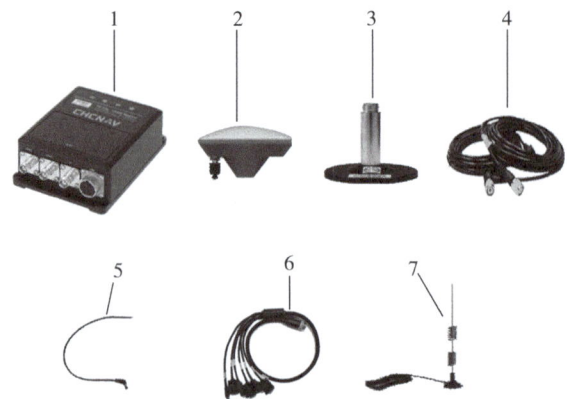

1—CGI-430-主机；2—GNSS 天线-TNC CSX627A；3—吸盘-M90SD；4—GNSS 天线转接线-TNC 接头
5—电源线；6—数据线-19Pin 航空接插件；7—4G 天线

图 5-3　组合导航组成部件

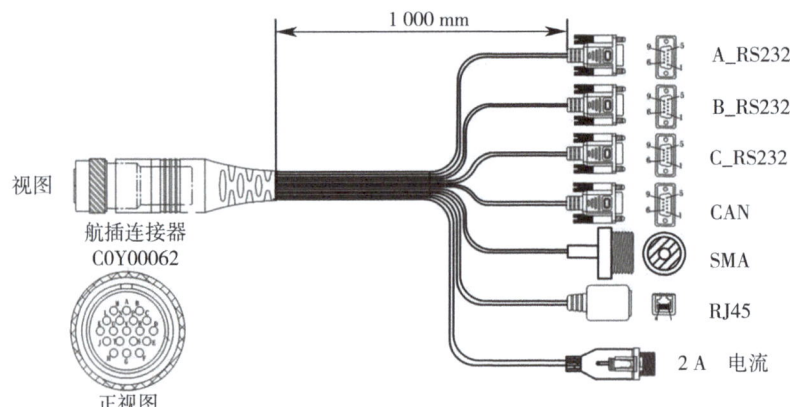

图 5-4　数据线接口定义

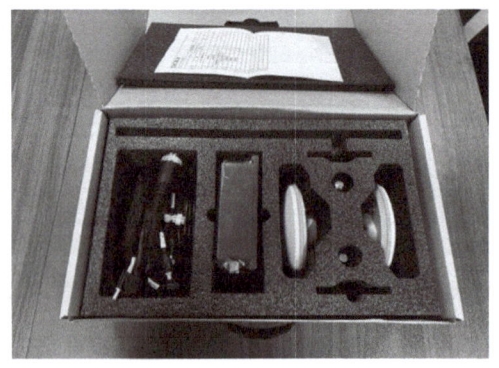

图 5-5　组合导航

图5-6 蘑菇头天线组装前

图5-7 蘑菇头天线组装后

（3）将两条天线延长线与蘑菇头天线进行连接,组装前与组装后分别如图5-8、图5-9所示。

图5-8 天线延长线组装前

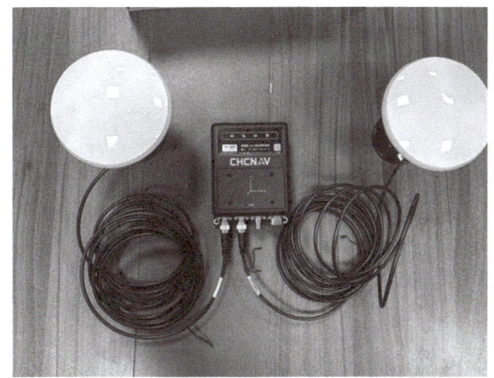
图5-9 天线延长线组装后

（4）将天线延长线的另外一端接入组合导航系统主机上的天线接口,如图5-10所示。组合导航组装完成,如图5-11所示。

（5）安装蘑菇头天线,如图5-12所示。

（6）测量并调整蘑菇头天线的距离和水平位置,如图5-13所示。

图5-10 组合导航系统主机组装后

图 5-11　CGI-430 组合导航组装完成示意

图 5-12　安装蘑菇头天线

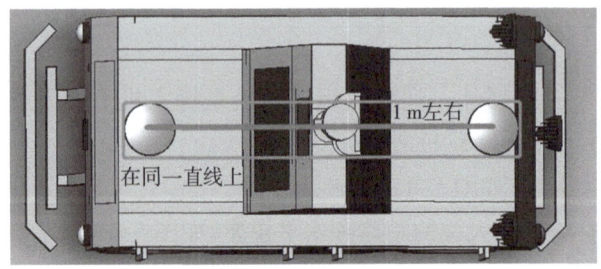

图 5-13　蘑菇头天线放于水平居中位置

安装注意事项：
① 蘑菇头天线安装距离 1 m 左右；
② 两个蘑菇头天线安装在同一条直线上。
（7）安装组合导航主体，如图 5-14 所示。
安装注意事项：
① 蘑菇头天线安装位置为车辆前后端；
② 蘑菇头天线安装位置应无遮挡；
③ 组合导航主体安装角度为水平面安装，无倾斜角。

图 5-14　安装组合导航主体

2. 组合导航调试

1）设备及工具准备

专用装卸工具，位姿调整装置，数字万用表，螺丝刀，套筒，内六角扳手。

2）操作步骤

（1）接收机通过内置网页进行操作设置。该网页被集成到接收机固件中，主要包括接收机运行状态、接收机工作模式、惯导操作、数据输出等各种应用程序的设置。在对接收机进行操作之前，请确保接收机是正常运转的。

天线和电缆的安装完成后，给接收机上电开机，当接收机启动后，可以使用 Wi-Fi 来访问、配置和监视接收机，不需要连接接收器的线缆。

打开电脑 Wi-Fi，搜索名为 GNSS-XXXXXXX 的无线网络（其中 XXXXXXX 代表接收器的 SN 号），然后建立连接；打开浏览器，在地址栏输入 192.168.200.1，弹出登陆界面，账号为 admin，密码为 password，如图 5-15 所示。

图 5-15　接收机后台登录界面

（2）了解上机功能。登录后，在卫星界面可以看到接收机跟踪到的卫星信息，分别用列表和图表的形式展现跟踪到的每一颗卫星的相关信息，包括卫星编号，卫星类型，高度角，方位角，L1 信噪比，L2 信噪比，L5 信噪比和是否使用等。点击“卫星跟踪表”，可以查看仪表显示的卫星信息，可以勾选所需要查看的卫星类别以及信噪比来查看相关信息，如图 5-16 所示。

卫星编号	类型	高度角	方位角	L1/B1/E1信噪比	L2/B2/E5B信噪比	L5/B3/E5A信噪比	是否使用
5	GPS	43	235	28.000	20.000	0.000	否
6	GPS	38	52	25.000	22.000	22.000	是
9	GPS	18	51	24.000	22.000	20.000	否
11	GPS	55	6	28.000	21.000	28.000	是
12	GPS	41	261	33.000	20.000	0.000	是
17	GPS	11	131	25.000	20.000	0.000	否
19	GPS	35	124	24.000	29.000	0.000	是
20	GPS	74	298	31.000	29.000	0.000	是
25	GPS	22	298	31.000	20.000	20.000	是
1	GLONASS	46	168	20.000	0.000	0.000	是
8	GLONASS	54	62	27.000	20.000	0.000	是
23	GLONASS	43	43	23.000	0.000	0.000	是
24	GLONASS	29	325	20.000	0.000	0.000	是
3	BDS	55	171	28.000	33.000	0.000	是
7	BDS	70	157	27.000	28.000	20.000	否
8	BDS	74	280	31.000	21.000	23.000	是
10	BDS	81	198	25.000	32.000	24.000	否
11	BDS	57	60	33.000	20.000	20.000	是
12	BDS	15	103	20.000	20.000	20.000	否
13	BDS	63	251	30.000	23.000	31.000	是

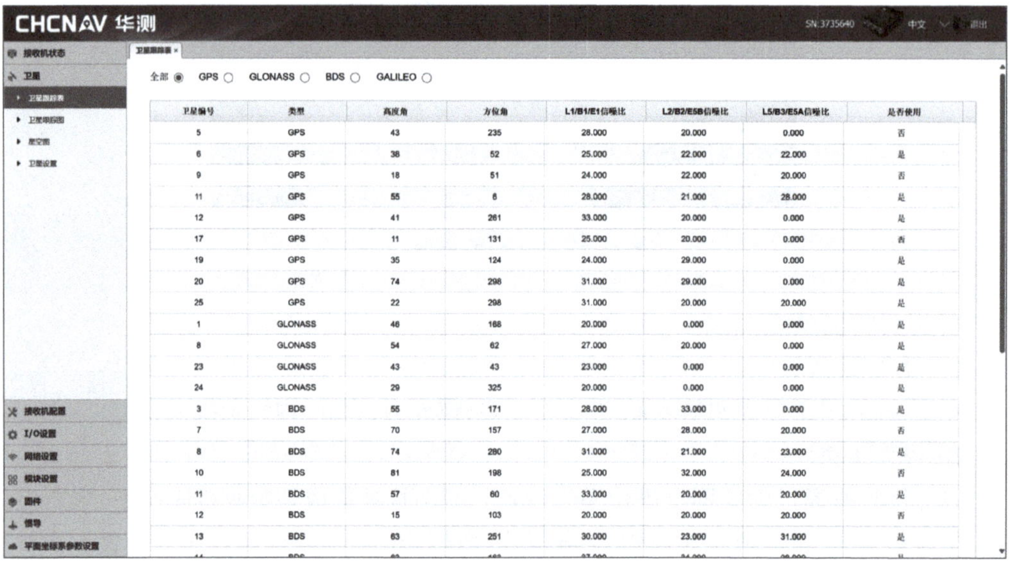

图 5-16　卫星信息界面

点击“卫星跟踪图”，可以查看以图显示的卫星信息，可以勾选所需要查看的卫星类别以及信噪比来查看相关信息，如图 5-17 所示。

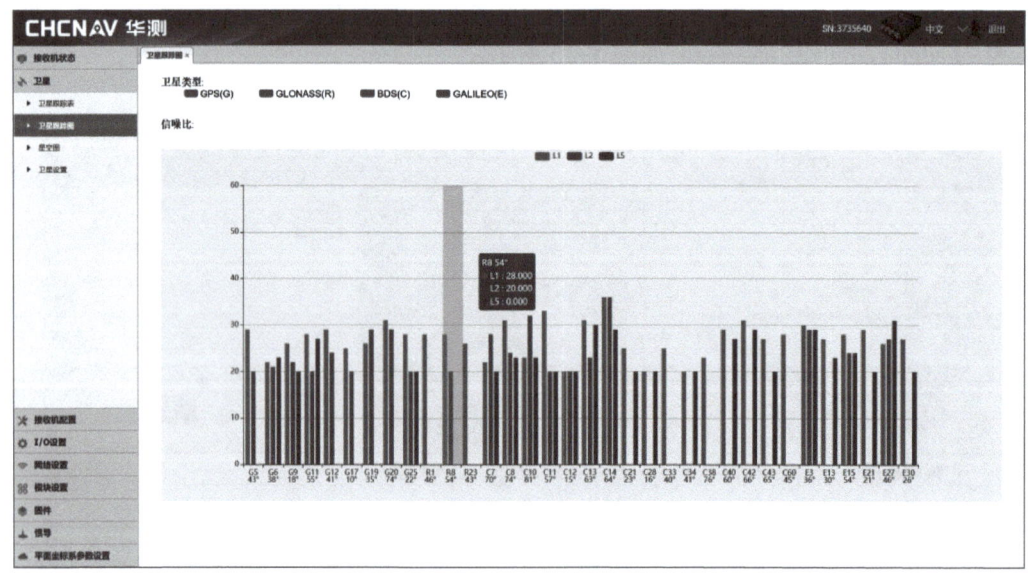

图 5-17　卫星类别以及信噪比

点击"星空图",则可以显示当前接收机所处位置的星空图,如图5-18所示。点击"卫星设置",可以选择启用和关闭卫星星座,如图5-19所示。

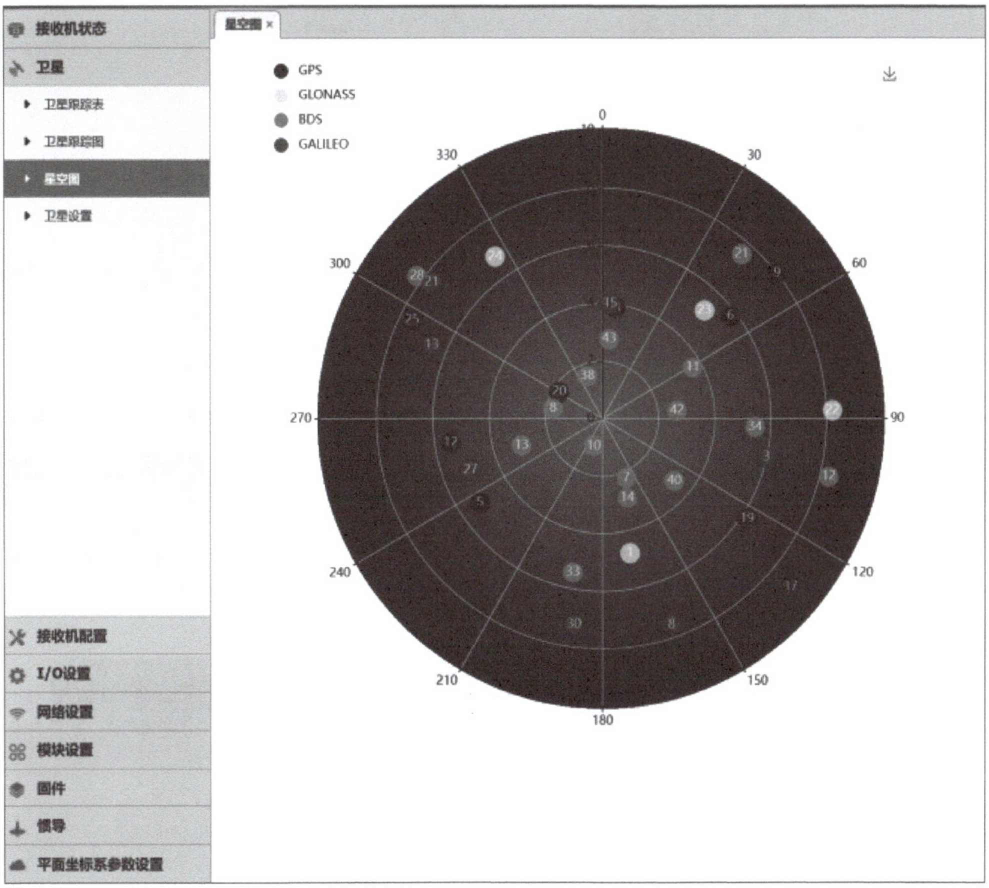

图 5-18　星空图

图 5-19　选择启用和关闭卫星星座

(3)接收机配置。在接收机配置界面,可以查看到接收机设置的相关信息,可以重置接收机、更改语言等,如图5-20所示。

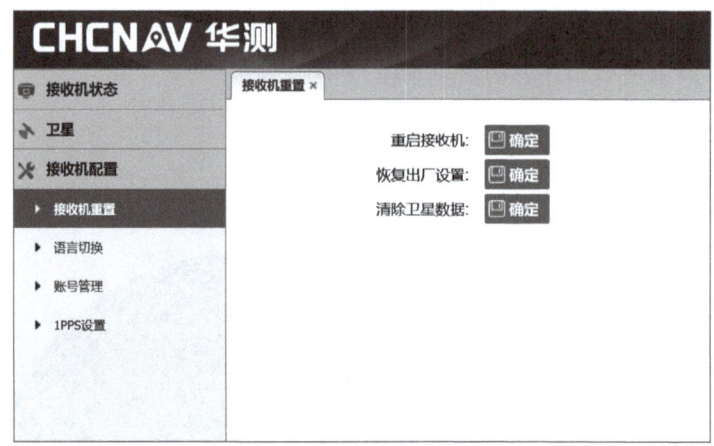

图 5-20　接收机配置界面

点击"接收机重置",可以对接收机进行重启、恢复出厂设置、清除卫星数据等操作。重启接收机指将接收机重新启动;恢复出厂设置指将接收机中的设置清除,恢复到出厂时的配置;清除卫星数据指清除接收机收到的卫星数据。

点击"1PPS 设置",即可修改 PPS 授时的信号脉宽,范围为 1～999 ms(默认为 20 ms),如图 5-21 所示。

图 5-21　修改 PPS 授时的信号脉宽

(4)I/O 设置。I/O 设置主要是设置接收机的工作模式以及数据输出形式。点击"RTK 客户端",可以设置接收机的工作模式;点击"TCP/UDP_Client1"或者串口可进行网络或者串口数据输出,如图 5-22 所示。

(5)网络设置。网络设置的摘要里面可以看到移动网络信息,可以查看信号强度、SIM 状态、拨号状态等,如图 5-23 所示。

点击"有线网络设置",可以设置网络 IP 地址、子网掩码、网关、DNS 地址等,如图 5-24 所示。

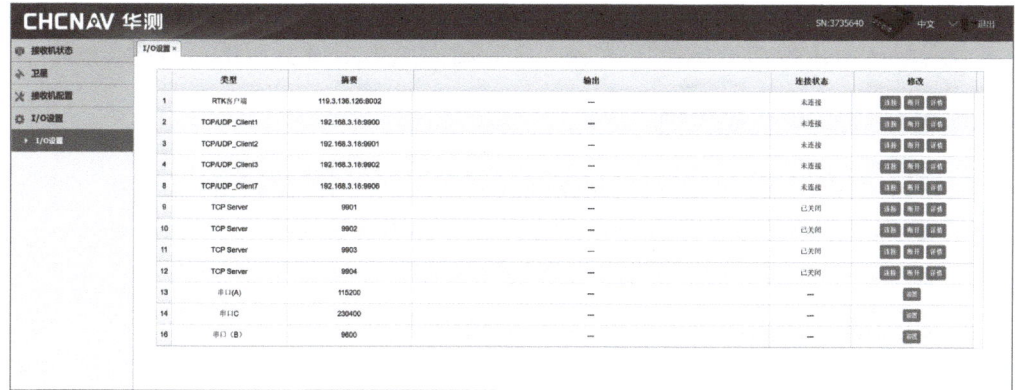

图 5-22　I/O 设置

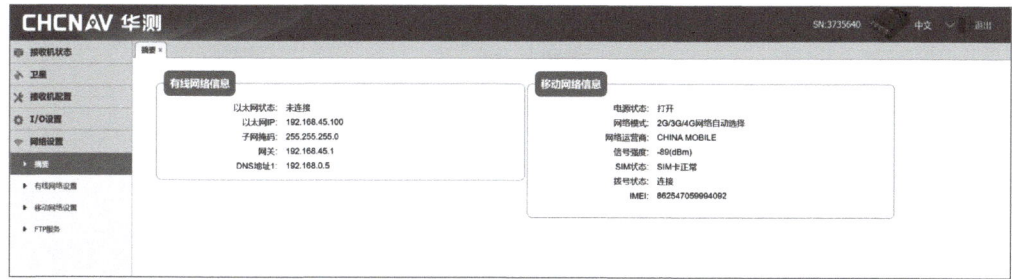

图 5-23　网络设置

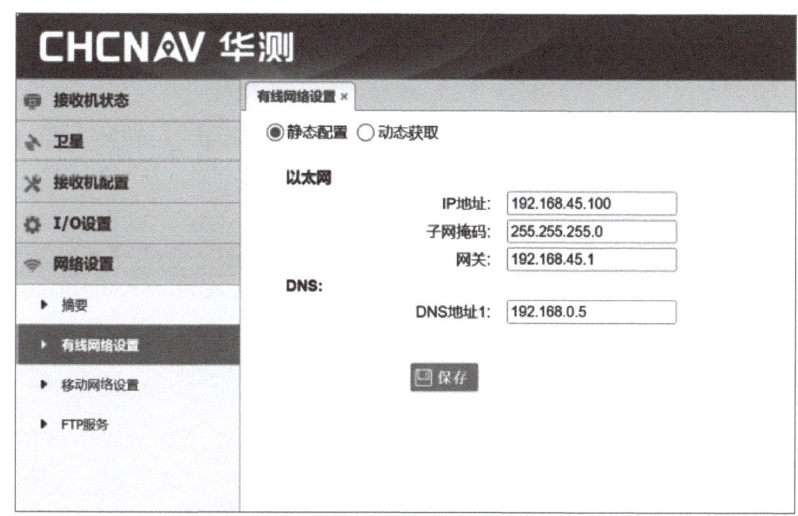

图 5-24　有线网络设置

点击"移动网络设置",可以设置网络模块状态、开机是否自启动,查询网络模式,如图 5-25 所示。

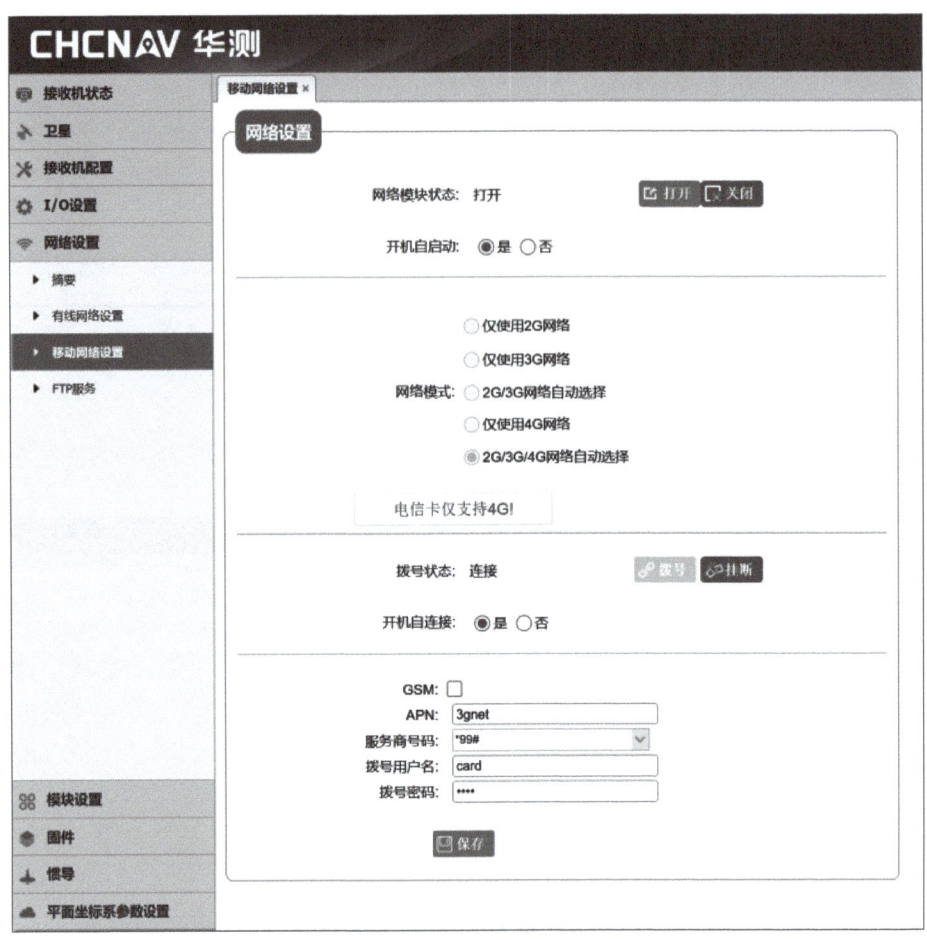

图 5-25 移动网络设置

（6）惯导状态查看。点击"惯导状态"，可查看接收机的状态、转换坐标、速度、位置、时间、姿态及 GNSS 方位角测量系统等信息，如图 5-26 所示。

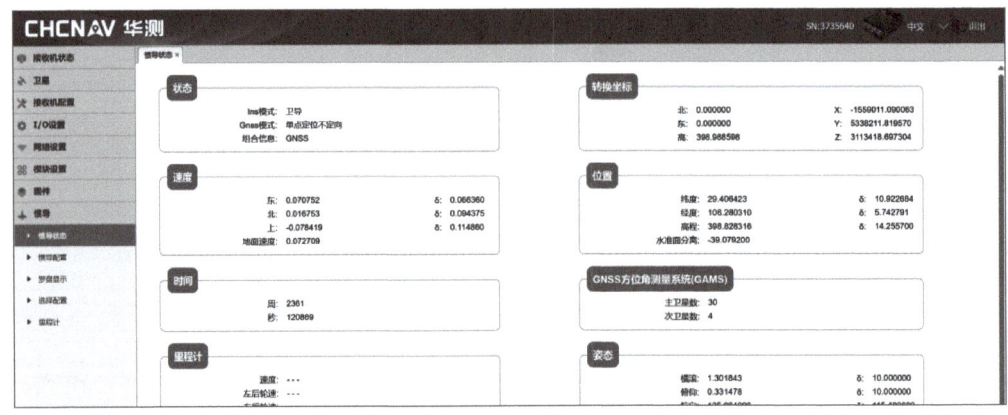

图 5-26 惯导状态

点击"罗盘显示",可查看接收机罗盘姿态,如图 5-27 所示。

(7)平面坐标配置。在网页端设置平面坐标系参数后,即可实现平面坐标输出,如图 5-28 所示。

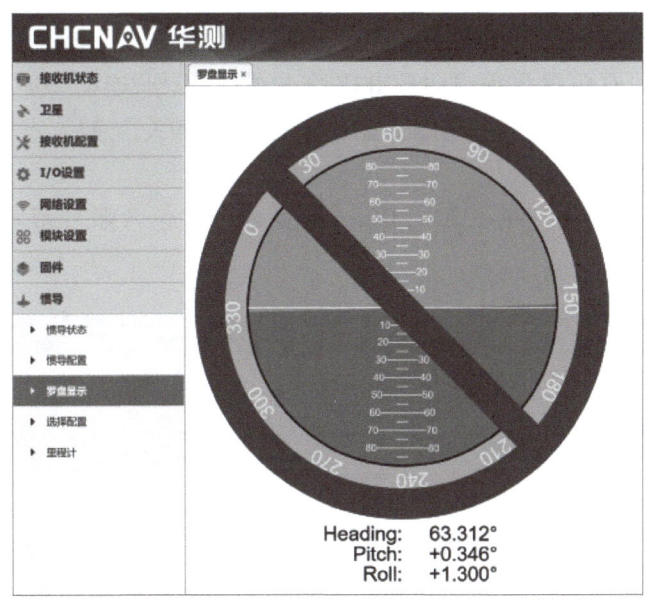

图 5-27　接收机罗盘显示

图 5-28　平面坐标设置

3. 组合导航标定

1)知识准备

组合导航标定是通过校准各传感器(如惯性测量单元、GNSS 天线等)与车辆坐标系之间的空间关系和同步时间,确保系统准确测量和融合数据,从而提高导航定位精度和可靠性。这一过程涉及测量并设置传感器相对于车辆基准点的杆臂参数,以及校正传感器安装角度等关键步骤。通过精确的标定,组合导航系统能够有效融合不同传感器的数据,充分发挥各自优势,提供连续、稳定的导航解算结果。

2)操作步骤

(1)设置差分数据。进入网页界面后,可查看仪器的搜星状态、固件升级状态、工作状态等。进入I/O配置界面,选择"RTK客户端",点击"连接",连接协议可以选择NTRIP/TCP/APIS/ONE_STEP_FIX协议,输入账号密码等相关信息后,点击"确定",就可以进行差分数据设置。

连接协议建议使用ONE_STEP_FIX,一键登录模式包含账号密码及其他配置,如图5-29所示。

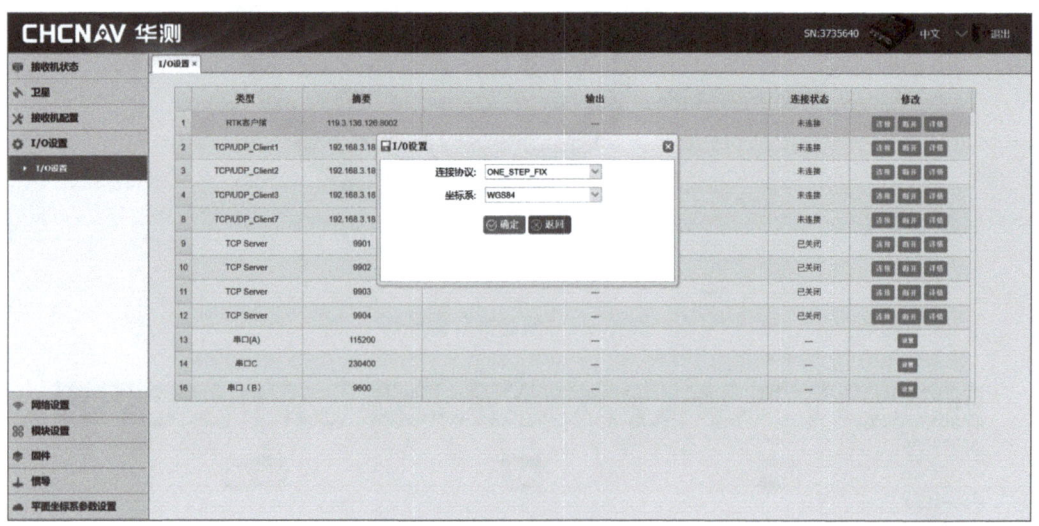

图5-29 设置差分数据

(2)惯导配置。点击"惯导"里面的"惯导配置",可进行接收机的"融合数据设置"和"车辆参数设置",如图5-30所示。

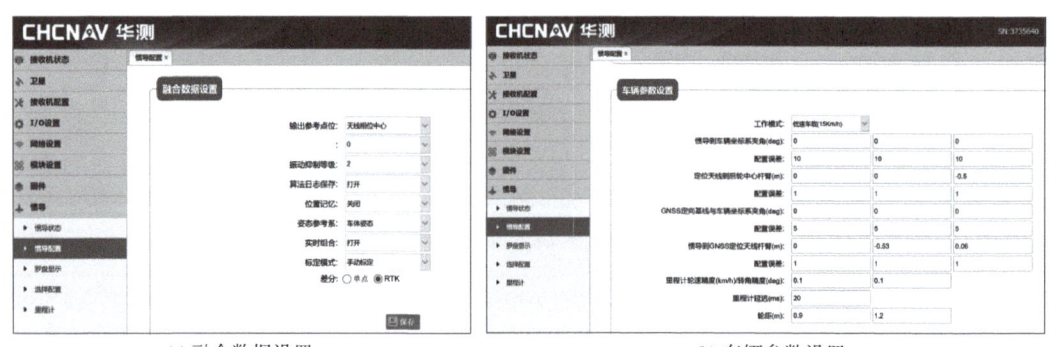

(a)融合数据设置　　　　　　　　(b)车辆参数设置

图5-30 惯导配置

图 5-30 中融合数据设置说明如下。

①输出参考点位：可选 IMU/ 天线相位中心 / 目标点，选择目标点作为输出参考点位时，需要输入天线相位中心到目标点的矢量在车辆坐标系下的坐标，默认为天线相位中心。

②振动抑制等级：针对不同的安装载体，提供不同的振动抑制等级（0～5），当载体振动剧烈时，可选择高等级的振动抑制等级（3～5）来平滑 IMU 的数据输出，普通车辆采用默认等级即可。

③算法日志保存：设置设备内部的 IMU 日志、原始数据等的记录保存形式，关闭算法日志可降低系统负载、降低数据丢包概率，但关闭后无法记录设备状态，无法分析设备问题。

④实时组合：可选择关闭组合导航算法，采用纯卫导和 IMU 原始输出数据。

图 5-30 中车辆参数设置说明如下。

①工作模式：针对不同的应用场景，设备支持多种工作模式，分别为车载模式（适用于一般汽车，最大车速大于 15 km/h），低速模式（一般应用于巡检机器人，最大速度小于 15 km/h），轨道交通模式（适用于高铁、火车等），农机模式（适用于农业拖拉机）等。

②惯导到车辆坐标系夹角：分别代表设备与车辆的俯仰角、横滚角和方位角，旋转的角度和正负值符合右手定则，此处全部输 0。按照标准放置（设备水平放置，Y 轴方向为前进方向），如图 5-31 所示；如果设备左右安装，按照右手法则在第三个空格输入 –90，线缆一侧为左（设备绕着 Z 轴朝 X 轴方向旋转 90°），如图 5-32 所示。

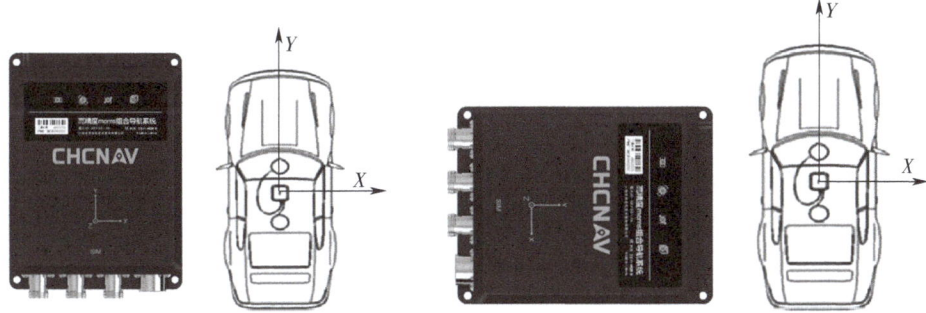

图 5-31　标准安装方式　　　　图 5-32　绕 Z 轴旋转 –90° 安装

③定位天线到后轮中心杆臂：分别为 X、Y、Z 轴方向值，左右方向为 X，前后方向为 Y，上下方向为 Z，单位为 m。例如：天线在后轮中心的左边 0.3 m（一般放在车子中心线，则为 0），前面 0.5 m，上面 1 m，输入值则为 0.3，–0.5，–1。

④ GNSS 定向基线与车辆坐标系夹角：如果天线前后安装且高度基本一致，则此处都输 0，如果定位天线在左，定向天线在右，则在第三格输入 –90。

⑤惯导到 GNSS 定位主天线矢量：分别为 X、Y、Z 轴方向值，左右方向为 X，前后方向为 Y，上下方向为 Z，单位为 m，定位天线在设备的右前上为正。

⑥里程计轮速精度（km/h）/ 转角精度（deg）和里程计延迟这些数据需要由客户提供初始值，如无车辆信息输入时，可不进行设置。

⑦轮距：分别为左右轮距和前后轮距，全部设置完点击"保存"。

（3）惯导标定。在对惯导设置下的各类参数有了解后，需要进行惯导的杆臂值量取，分别为"定位天线到后轮中心杆臂"，"惯导到定位天线杆臂"，车辆的前后方向为 Y，左右方向为 X，上下方向为 Z，如图 5-33 为杆臂量取示例。

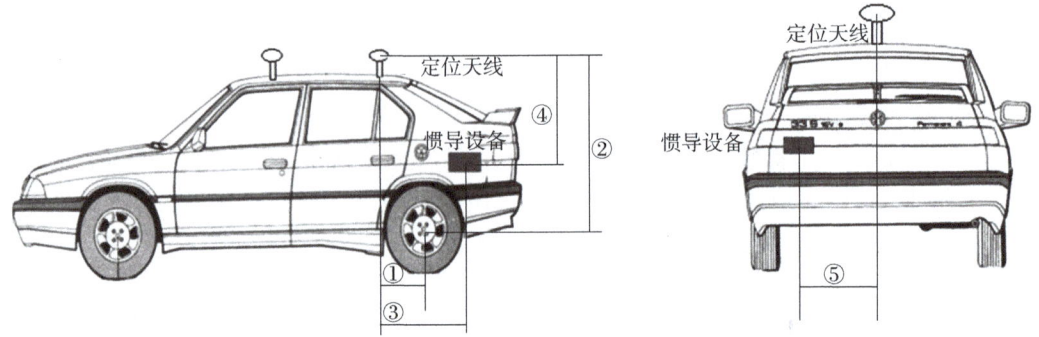

图 5-33　示例杆臂量取

经测量，①②③④⑤代表的 5 个值分别是 0.35 m、1.07 m、0.68 m、0.83 m、0.42 m，则"定位天线到后轮中心杆臂"数值如下。

・X：0（定位天线与车辆后轴中心在左右方向上不存在差距，因此为 0）。

・Y：-0.35（定位天线在前，后轮中心位于定位天线的后方，因此前后方向上为 -0.35）。

・Z：-1.07（定位天线在上，后轮中心位于定位天线的下方，因此上下方向上为 -1.07）。

"惯导到定位天线的杆臂"数值如下。

・X：0.42（惯导在左，定位天线位于惯导的右侧，因此左右方向上为 0.42）。

・Y：0.68（惯导在后，定位天线位于惯导的前方，因此前后方向上为 0.68）。

・Z：0.83（惯导在下，定位天线位于惯导的上方，因此上下方向上为 0.83）。

将上述杆臂值确认完成后，即可在网页上进行配置，在网页"惯导→惯导配置"页面进行配置。

将惯导参数填入如图 5-34 所示界面中，其他配置与该图数据保持一致即可，填入后点击"保存"按钮。

注意：设置完成后刷新页面，然后重新进入参数设置界面，查看是否设置成功，以免忘记保存造成数据不准确。每次点击"保存"按钮后，必须重新标定。

（4）跑车标定。完成惯导参数配置后，可在"惯导→惯导状态"中查看设备状态，当显示"Ins 模式：卫导""Gnss 模式：RTK 稳定解定位不定向"时，代表设备状态正常，如图 5-35 所示。

显示图 5-35 状态以后，即可开始标定，标定需在空旷环境进行，车辆先直行，当 Ins 模式进入"初始化"后（图 5-36），按照"口"字形进行行驶，车速大于 15 km/h，行驶 5~10 min 后，Ins 模式显示为"组合导航"，即代表标定完成（图 5-37），此时设备即可正常测试使用。

图 5-34 填入惯导参数

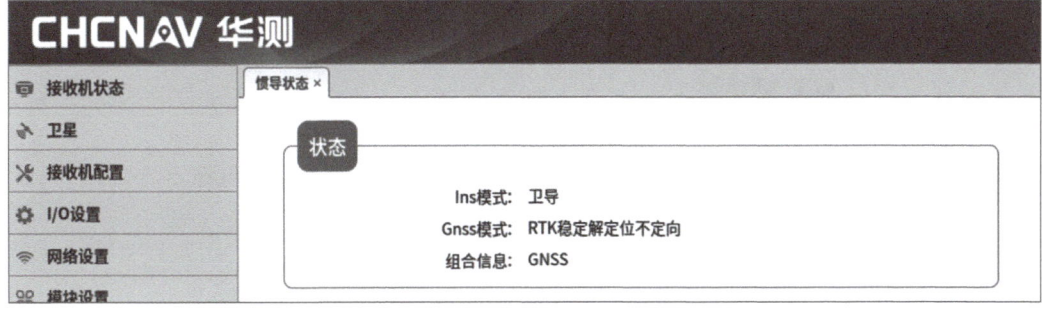

图 5-35 惯导状态

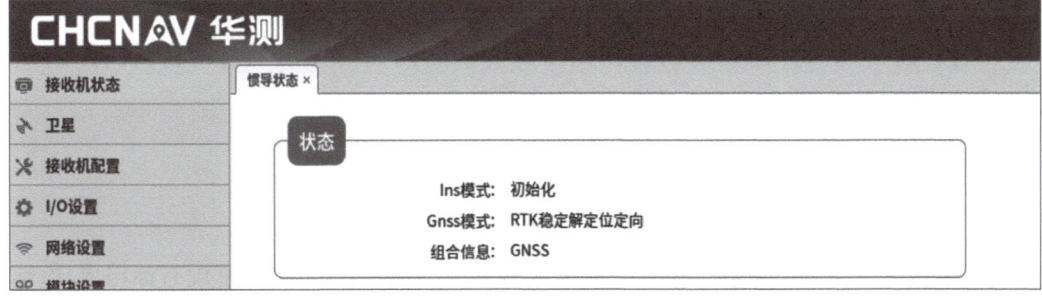

图 5-36 惯导进入初始化状态

学习模块 5　组合导航的原理、安装与标定

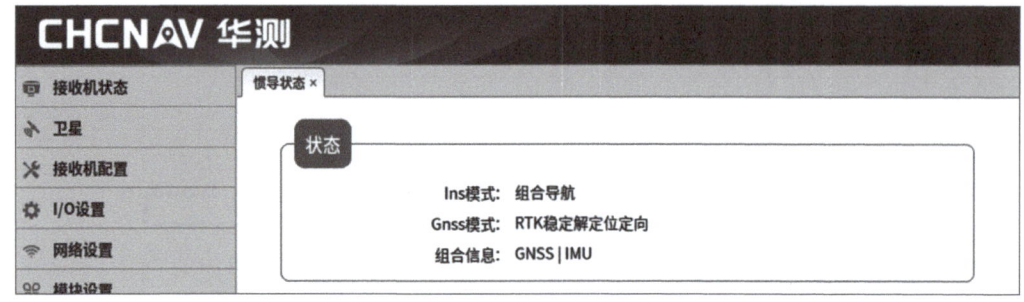

图 5-37 标定成功

（5）常见问题。

① CORS 登录时，获取源列表时出现对话框，如图 5-38 所示，说明网络环境存在问题，可在网络状态中查看，如图 5-39 所示。

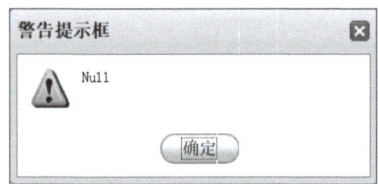

图 5-38 cors 登录提示框

图 5-39 网络环境

若拨号状态显示"连接"，则说明网络正常；若拨号状态显示正在拨号，则说明网络异常，建议更换 SIM 卡重新连接（必须断开电源更换）。

② CORS 登录时一直提示正在连接，但无法连接登录成功。

a. 网络存在问题，参照上面网络信息查看方式，更换 SIM 卡。

b. CORS 账号、IP 端口等输入错误，建议检查账号密码等信息。

③ 设备无法达到固定解。设备完成标定后无法达到固定解，可能是没有标定成功，需要重新加载标定参数或重新进行标定，查看 RTK 账号是否正常（是否可以正常登录，挂载点，端口是否配置正确），查看当前环境是否处于无遮挡情况、是否有大功率发射装置，在 I/O 设置中查看 RTK 客户端是否登录成功，如图 5-40 所示。

图 5-40 成功登录 RTK 客户端

④无法完成标定,达到组合导航状态。检查惯导参数是否正确,杆臂值正负是否正确;检查 GNSS1 与 GNSS2 天线接口是否接反(GNSS1 接后天线,GNSS2 接前天线);检查设备是否处于稳定解定位定向状态,若处于"浮点解定位定向"状态,则参照无法达到固定解方式进行排查,若处于"稳定解定位不定向"状态,则查看副天线是否正常安装、是否损坏(可尝试调换主副天线);是否按照"口"字形跑车,不推荐"8"字形标定;车速是否达到 15 km/h 以上。

4. 组合导航数据解析

1)设备及工具

专用装卸工具,位姿调整装置,数字万用表,螺丝刀,套筒,内六角扳手。

2)操作步骤

(1) CORS 登录。在进行 CORS 登录前,请确保设备内装有 SIM 卡,且卡内有充足的数据流量用于网络数据传输;设备 4G 天线与设备正确连接,且置于网络环境较好的位置(不要放置于金属盒子变压器等容易干扰网络信号的区域);拥有差分数据账号,例如自建站,千寻,华测账号等,包含 IP 地址,端口,挂载点,用户名,密码等信息;设备处于室外空旷环境中,周围无密集遮挡(如高楼,密集树木等)。

确保以上信息无误后,在网页中选择"I/O 设置",点击"RTK 客户端"(如果显示未连接或者正在登录,先断开连接,再点击),如图 5-41 所示。

弹出连接对话框后,选择连接协议,输入差分账号对应的 IP 地址和端口,点击获取,右下角提示获取源列表成功,然后下拉,选择对应挂载点后输入用户名和密码,点击"确定"。

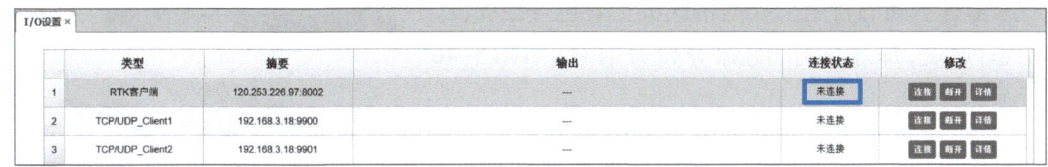

图 5-41 连接 RTK 客户端

点击"确定"后,会连接到差分服务器,此时连接条会变为绿色,连接状态变为"已登录"(若未变为绿色,刷新下网页即可),如图 5-42 所示。

图 5-42　差分服务登录状态

CORS 连接完成后,若设备处于良好的搜星状态下,则可以进入固定解,在"接收机状态"中查看"类型",显示为"固定"即表明设备正常,如图 5-43 所示。

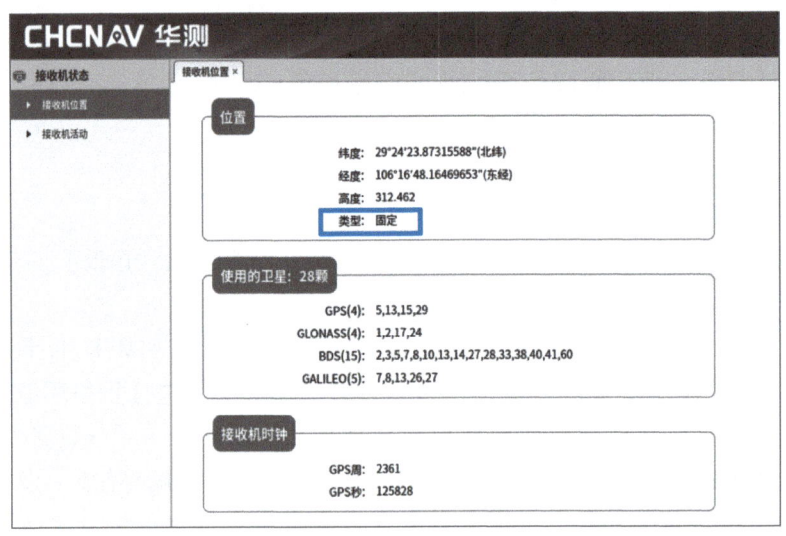

图 5-43　接收机状态界面

(2)数据输出设置。设备输出数据主要通过 RS232 串口,将 USB 转串接到设备的 C_RS232 口上,如图 5-44 所示。在设备网页中确认 C 口的波特率(默认 230400),如图 5-45 所示。在"惯导 -> 选择配置"界面中设置输出数据,通用数据格式为 GPGGA,此外 GPCHC 数据为华测自定义数据(不同组合导航厂家都有不同的自定义数据格式),主要包含经纬度,姿态,速度,加速度计,陀螺等相关信息,如图 5-46 所示。

(3)读取数据。同时按住"Ctrl+Alt+T",打开终端,如图 5-47 所示。

输入"sudo chmod 666 /dev/ttyUSB0",如图 5-48 所示。

图 5-44　RS232 转 USB 数据线

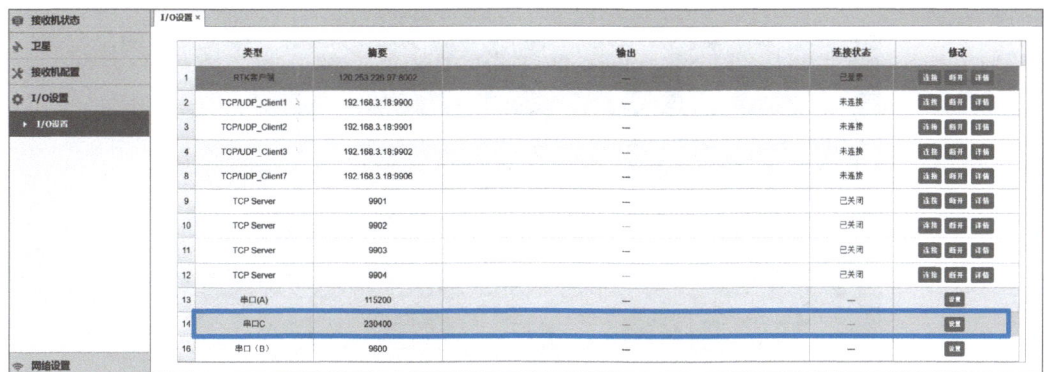

图 5-45 设置串口波特率

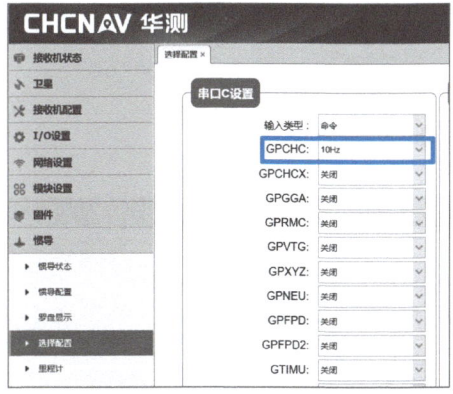

图 5-46 设置输出数据频率

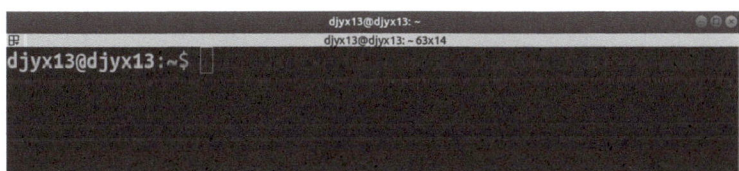

图 5-47 打开终端

图 5-48 USB 端口赋权限

打开 CuteCom 软件,如图 5-49 所示。

图 5-49　打开 CuteCom 软件

选择波特率以及端口,如图 5-50 所示。

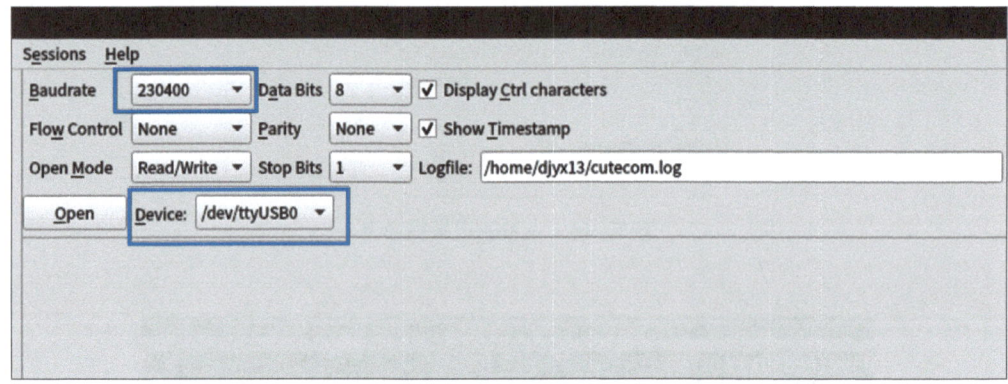

图 5-50　配置 CuteCom

打开端口,输出数据,如图 5-51 所示。

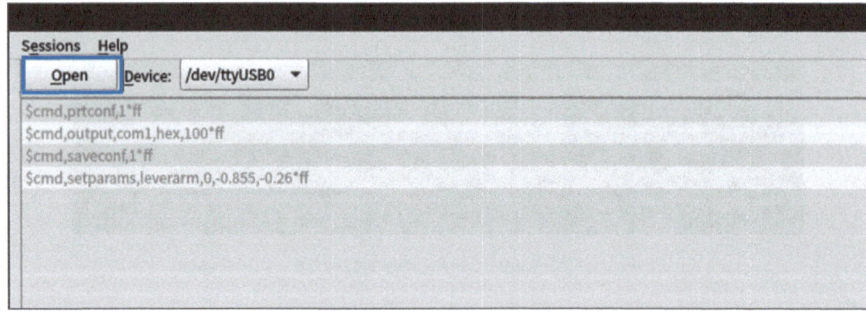

图 5-51　打开端口

（4）对照表 5-1 进行数据解析。

表 5-1　GPCHC 数据解析表

字段	含义
字段 0	$GPCHC 协议头
字段 1	自 1980-1-6 至当前的星期数（GPS 时间）
字段 2	自本周日 0：00：00 至当前的秒数（GPS 时间）
字段 3	偏航角（0～359.99）（精确到小数点后 2 位）
字段 4	俯仰角（-90°～90°）（精确到小数点后 2 位）
字段 5	横滚角（-180°～180°）（精确到小数点后 2 位）
字段 6	陀螺仪角速度 X 轴（精确到小数点后 2 位）
字段 7	陀螺仪角速度 Y 轴（精确到小数点后 2 位）
字段 8	陀螺仪角速度 Z 轴（精确到小数点后 2 位）
字段 9	陀螺仪加速度 X 轴（精确到小数点后 4 位）
字段 10	陀螺仪加速度 Y 轴（精确到小数点后 4 位）
字段 11	陀螺仪加速度 Z 轴（精确到小数点后 4 位）
字段 12	纬度（-90°～90°）（精确到小数点后 8 位）
字段 13	经度（-180°～180°）（精确到小数点后 8 位）
字段 14	高度,单位（m）（精确到小数点后 2 位）
字段 15	东向速度,单位（m/s）
字段 16	北向速度,单位（m/s）
字段 17	天向速度,单位（m/s）
字段 18	车辆速度,单位（m/s）
字段 19	主天线 1 卫星数
字段 20	副天线 2 卫星数
字段 21	（十位数）卫星状态（高半字节）:（0：不定位不定向；1：单点定位定向；2：伪距差分定位定向；3：组合推算；4：RTK 稳定解定位定向；5：RTK 浮点解定位定向；6：单点定位不定向；7：伪距差分定位不定向；8：RTK 稳定解定位不定向；9-RTK 浮点解定位不定向） （个位数）系统状态（低半字节）：0 初始化；1 卫导模式；2 组合导航模式；3 纯惯导模式
字段 22	差分延时
字段 23	1 为警告（无 GPS 信息、无车辆信息、陀螺仪错误），2 为正常；校验值（举例：*41）

如果组合导航设备在使用中出现异常情况,可根据表 5-2 对异常情况进行分析。

表 5-2 设备常见问题分析

故障现象	故障原因	解决方法
登录 CORS 获取不了源列表	设备拨不上号或者没有网络	检查 SIM 卡以及 4G 网络天线是否接好、SIM 卡是否有流量,网页中的移动网络设置界面重新拨号
输出数据都是乱码或者全是点	波特率设置错误	在网页 I/O 设置界面查看串口波特率,与工控机或者电脑接收程序设置波特率一致即可
设备不搜星	接收机 GNSS1 天线没有搜星	检查接收机 GNSS1 接口是否接好天线,天线是否放在空旷且没有干扰源的环境
设备能定位但不定向	接收机 GNSS2 天线没有搜星或者搜星少	检查接收机 GNSS2 接口是否接好天线,天线是否放在空旷环境
数据轨迹偏差过大	参数设置没有成功或者初始化未成功	需要配置惯导参数并初始化

学习任务

1. 信息(创设情境,提供资讯)

一辆智能网联汽车行驶中,组合导航失效,需要更换新的组合导航,那么组合导航是如何安装和标定的呢?请完成如下任务。

独立工作:搜集组合导航的安装标定方面信息,完成以下任务。

(1)请查阅资料,阐述组合导航的工作原理。

(2)请查阅资料,阐述组合导航的应用特点。

（3）请查阅资料，阐述组合导航的组成。

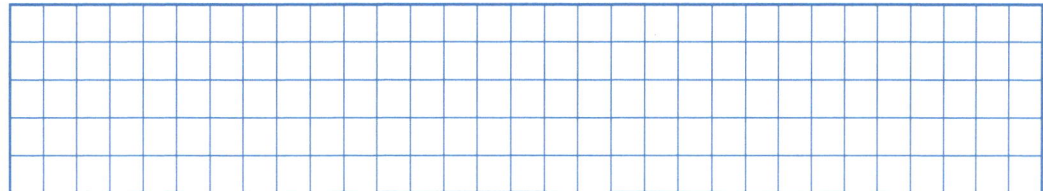

（4）请简述组合导航的标定方法。

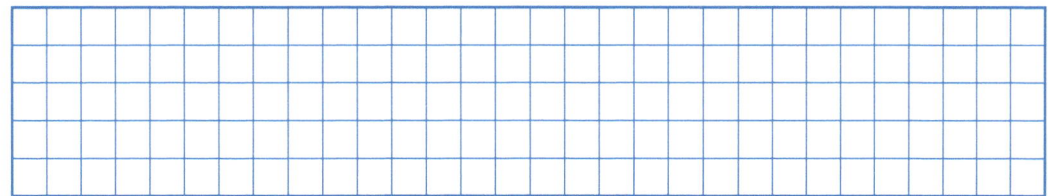

（5）写出组合导航的主要参数。

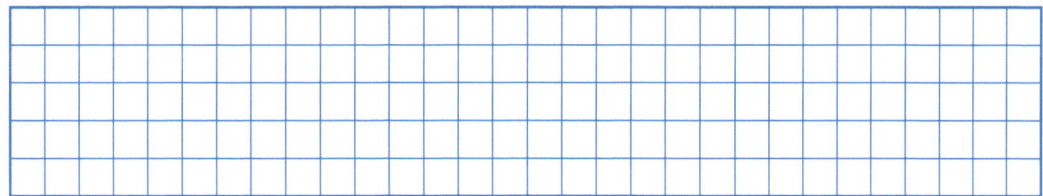

（6）请查阅资料，说明组合导航的安装位置和标定工具使用方法。

2. 计划（分析任务，制订计划）

个人/小组工作：根据组合导航的安装标定任务要求完成下列任务。

（1）根据前面组合导航知识导航，拟定标定参数说明表。

序号	标定参数	实际值	参考值	是否合格
1				
2				
3				
4				
5				
6				
7				
8				

（2）根据组合导航的安装标定任务,制定实施安装标定的步骤。

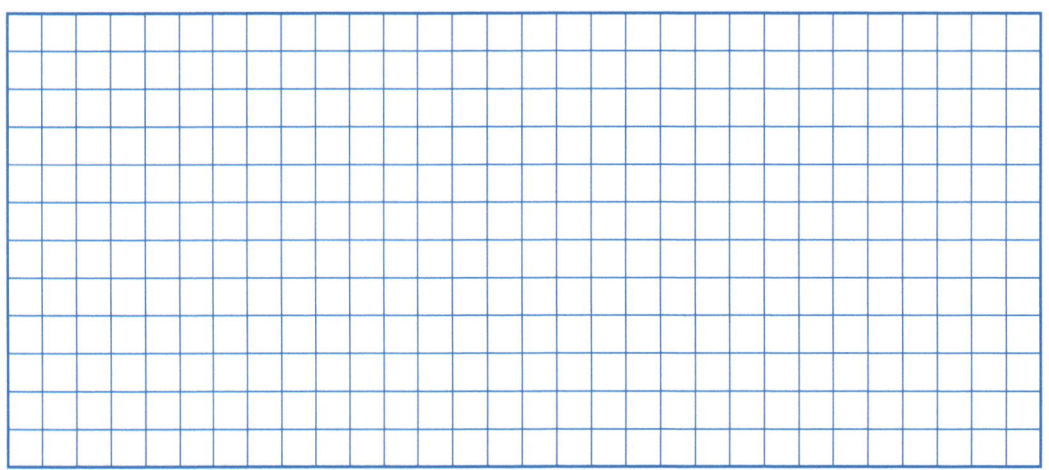

（3）请根据现场情况,列出组合导航的安装标定全过程所需工具、材料清单。

序号	名称	符号	型号	数量	规格
1					
2					
3					
4					
5					
6					
7					
8					

3. 决策（集思广益,作出决定）

个人/小组工作:根据组合导航的安装标定要求完成下列任务。

（1）参照相关技术文件,绘制各装调项目示意简图。

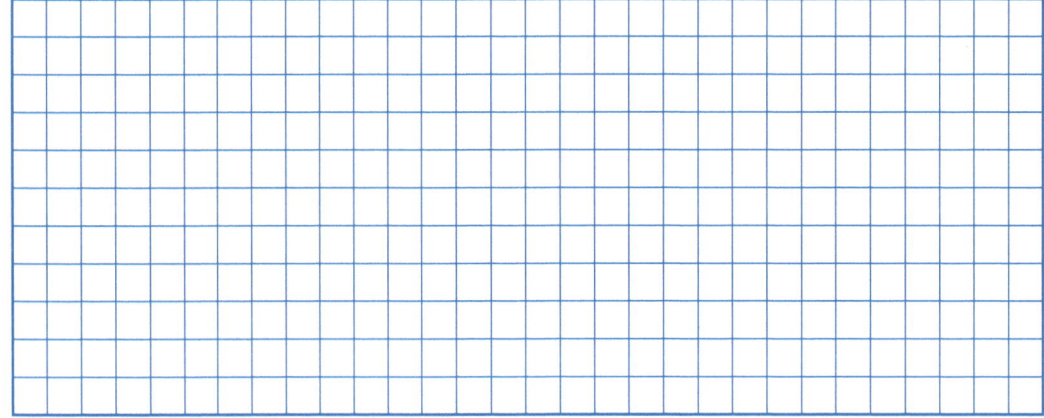

（2）参考工作计划模板，请设计组合导航的安装标定项目小组工作计划表，确认成员分工及计划时间，并记录工作要点。

序号	工作计划	职责	人员	计划工时	备注
1					
2					
3					
4					
5					
6					
7					
8					

4. 实施（分工合作，沟通交流）

（1）小组工作：按工作计划实施组合导航的安装标定项目。

序号	行动步骤	实施人员	实际用时	计划工时
1				
2				
3				
4				
5				
6				
7				
8				

（2）独立工作：选用合适的工具对组合导航进行安装标定。在下表中记录常规检查的要点和结果。

步骤	检查关键点	测量方式	结果处理
1			
2			
3			
4			
5			
6			
7			
8			

5. 控制（查漏补缺，质量检测）

（1）个人/小组工作：明确检测要素及整改措施。

序号	检测要素	技术标准	是否完成	整改措施

（2）小组工作：检查各小组的工作过程实施情况。

检查项目	检查结果			需完善点	其他
	个人检查	小组检查	教师检查		
工时执行					
5S 执行					
质量成果					
学习投入					
获取知识					
技能水平					
安全、环保					
设备使用					
突发事件					

6. 评价（总结过程，任务评估）

（1）小组工作：总结收获、问题和改进措施，并征求意见。
- 收获

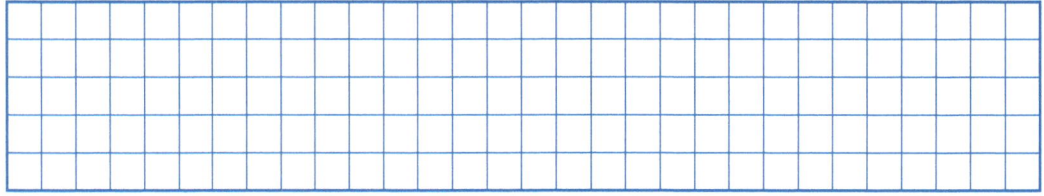

- 问题

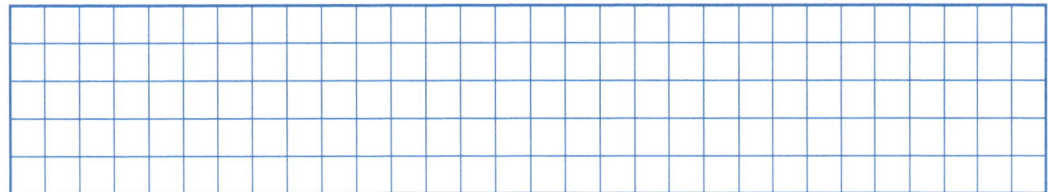

- 他人意见

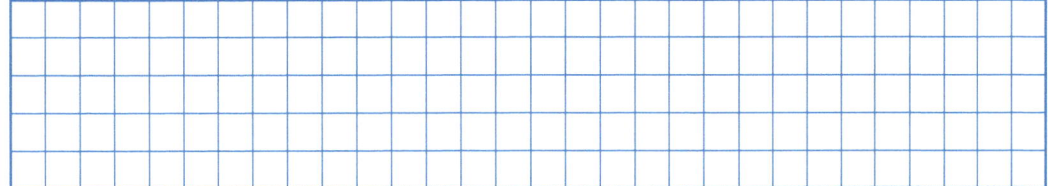

- 改进措施

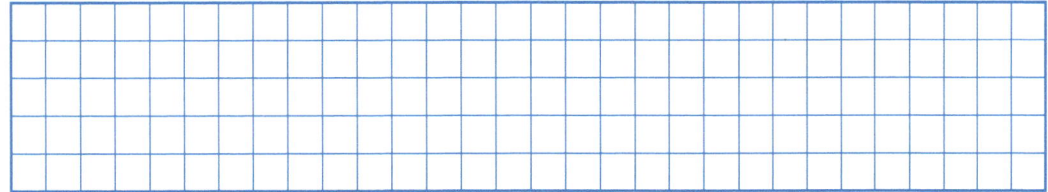

（2）请小组之间按照评分标准进行工作过程自评和互评。

班级		组名		日期	
指标	评价要素		分数	自评	互评
信息检索	能否有效利用网络资源、工作手册查找有效信息		5		
	能否有条理地去解释、表述、应用所学知识		10		
感知工作	能否熟悉自己的工作岗位，认同工作价值		5		
	成员在工作中，是否获得成就感		5		
参与状态	与老师同学之间是否相互尊重、理解、平等、有效沟通		15		
	能否独立思考、倾听、协作分享		10		
学习方法	工作计划、操作技能是否符合规范要求		10		
	是否获得了进一步发展的能力		5		
工作过程	是否遵守管理规程，上课出勤和任务完成情况		10		
思维状态	是否能发现问题、分析问题、解决问题并有所创新问题		15		
自评反馈	能严肃认真地对待自评，并能独立完成自测题		10		
总分数			100		
简要评述					

（3）请教师按照评分标准对各小组进行任务工作过程总评。

班级			组名		姓名		出勤	
指标			评价要素		分数	评价标准		师评
一	信息	口述或书面梳理任务要点	1. 仪态自然、吐字清晰		15	仪态不自然、表述含糊扣5分		
			2. 工作页表述准确,思路清晰、层次分明			表述不准确、不清晰扣5分		
二	计划	拟定标定参数说明表并制定安装标定步骤	1. 标定参数拟定准确无误		15	表述思路或层次不清扣5分		
			2. 制定合理安装标定步骤			参数及步骤不合理扣5分		
三	决策	绘制示意图并制订检测计划	1. 绘制示意简图准确无误 2. 设计合理安装标定计划表		20	一处计划不合理扣2分,扣完为止		
四	实施	检修准备	1. 工具、电路图、辅材准备		2	每漏一项扣1分		
		安装、标定操作	2. 正确选择元件、工具及辅材		3	选择错误扣1分,扣完为止		
			3. 正确实施计划无失误（依据零件评分表）		15	与计划不符合视情况扣1分		
		现场	4. 在工作过程中保持5S,设备、工具、电路图、工位现场恢复整理		10	每出现一项扣1分,扣完为止		
五	控制	检查工作质量	正确读取和评估安装标定数据并正确分析安装标定结果		10	自我检测工作步骤并分析原因,错1项扣1分		
六	评价	工作过程评价	1. 自评		5			
			2. 互评		5			
			合计		100			

复习提高

1. 简述GPS全球定位系统原理和特点。

2. 简述惯性导航系统原理。

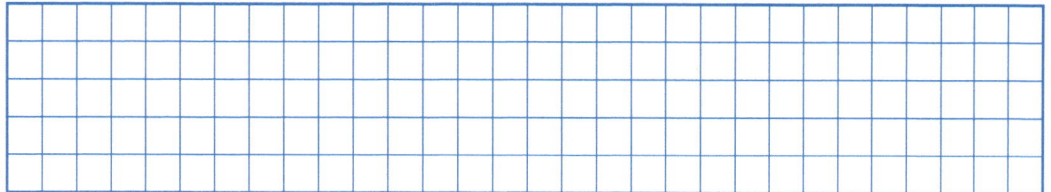

3. 简述组合导航系统优点。

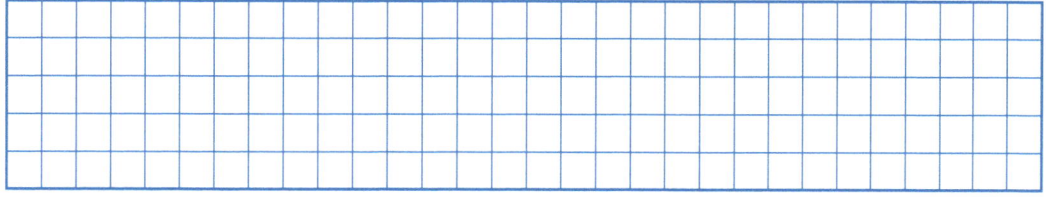

4. 组合导航系统硬件如何安装？

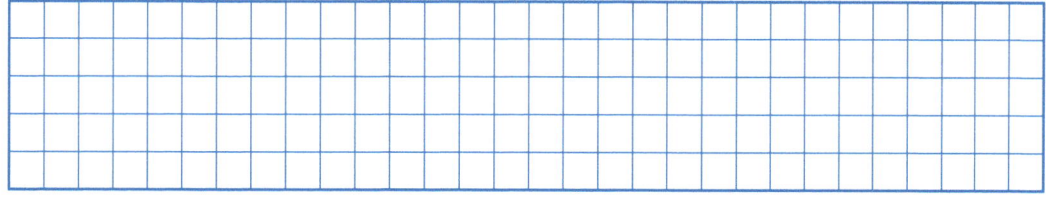

参考文献

[1] 宋传增. 智能网联汽车技术概论[M]. 北京：机械业出版社，2020.

[2] 蹇小平，麻友良. 汽车电器与电子技术[M]. 2版. 北京：人民交通出版社，2018.

[3] 陈晓明. 智能网联汽车技术基础[M]. 北京：机械工业出版社，2020.

[4] 李妙然，邹德伟. 智能网联汽车技术概论[M]. 北京：机械工业出版社，2019.

[5] 崔胜民. 智能网联汽车概论[M]. 北京：人民邮电出版社，2019.

[6] 崔胜民. 智能网联汽车技术[M]. 北京：机械工业出版社，2021.

[7] 曾鑫，付昌星，李洲荣. 智能网联汽车技术[M]. 北京：航空工业出版社，2021.